I0752330

L'AMI DES LOIX,

COMÉDIE EN CINQ ACTES, EN VERS.

Représentée par les Comédiens de la Nation, le 2 janvier 1793.

PAR LE CITOYEN LAYA.

AUTEUR DES DANGERS DE L'OPINION ET DE JEAN CALAS.

Tùm pietate gravem ac meritis si fortè virum quem
Conspexère, silent, arrectisque auribus adstant :
Ille regit dictis animos, et pectora mulcet.

PRIX, 30 sols.

A PARIS,
Chez MARADAN, Libraire, rue du Cimetière-Saint-André-des-Arcs, N°. 9.
Et chez LEPETIT, Commissionnaire en Librairie, quai des Augustins, N°. 32.

1793.

PROPRIÉTÉ.

Par acte passé devant Hua, notaire public à Paris, et son confrère, le 8 janvier 1793, le second de la république françoise, il appert que le citoyen Laya, auteur d'une comédie intitulée *l'Ami des Loix*, desirant, après l'impression d'icelle, jouir de l'effet de la loi du 30 août 1792, relative aux conventions à faire entre les Auteurs dramatiques et Directeurs des spectacles des départemens, et se conformer à l'article V de cette même loi, a déposé pour minute audit citoyen Hua le double original de l'écrit sous signature privée relatif à l'impression, fait entre lui et le citoyen Maradan, libraire à Paris; lequel écrit, ainsi que la minute de l'acte de dépôt, sont restés en la possession dudit Hua, l'un des notaires soussignés.

Les exemplaires souscrits du nom de l'Auteur sont les seuls certifiés véritables. Tous les autres seroient tronqués et contrefaits. Tous contrefacteurs et faussaires seront en conséquence poursuivis comme tels par l'Auteur, qui réclamera contr'eux la justice des loix.

Laya

On trouve chez le même Libraire les *Dangers de l'Opinion* et *Jean Calas*, du même Auteur.

ÉPITRE DÉDICATOIRE.

AUX REPRÉSENTANS DE LA NATION.

CITOYENS LÉGISLATEURS,

JE ne vous fais point un hommage en vous dédiant ma Comédie: c'est une dette que j'acquitte. L'*Ami des Loix* ne peut paroître que sous les auspices de ses modèles.

Je ne ferai point de préface pour cet ouvrage ; il faudroit produire un volume, et j'ai besoin seulement d'écrire quelques réflexions, que je crois indispensables. Mon succès ne m'aveugle pas ; je le dois plutôt au sujet que j'ai traité, qu'au talent de l'exécution. Tous les vrais citoyens ont dû se déclarer pour celui qui n'aime qu'eux, rien qu'eux ; et c'est à cet égard de nouvelles actions de grace que je leur rends pour eux-mêmes. Qu'elle est imposante cette masse d'opinions qui se prononce si énergiquement, si unanimement pour le saint amour des loix, de l'ordre et des mœurs ! Que son poids est accablant pour les ennemis cachés et ouverts de la liberté. Vous qui calomniez Paris, venez le voir ; il n'est pas dans ces assemblées tumultueuses où triomphent l'intrigue et le crime, où c'est le plus déraisonnable ou le plus furieux qui l'emporte ; venez le voir dans ce concours de citoyens ivres de liberté, mais de loix sans lesquelles il n'est point de liberté ; s'enflâmant tous à ces saints noms, s'embrâsant d'étincelles civiques, attachant leurs yeux et leurs cœurs sur cet *ami des loix*, dont chacun d'eux est le modèle.

Je ne répondrai point à toutes les calomnies qu'on fait courir contre moi ; j'ai dû m'y attendre, et j'ai un tort irréparable à me faire pardonner, celui d'avoir voulu faire quelque bien. Ceux qu'a pú blesser ce motif, peuvent prendre leur parti ; car je me sens pour l'avenir incorrigible à cet égard. Je ne serai jamais avare de mes idées, dès que je les croirai utiles. Malheur à celui qui possède et qui craint de s'appauvrir en répandant ses bienfaits ; ses mains recueilleront peu au jour des récoltes, puisqu'elles n'auront rien semé. Je ne réfuterai point ces misérables imposteurs qui n'admettent que la vertu qui rapporte, et lui contestent un désintéressement qu'ils montrent souvent dans le crime. Je n'ai qu'un mot à répondre : je livre ma vie entière à leurs discussions calomnieuses ; et s'ils y découvrent un seul instant qui ne soit pas digne de moi, je consens à ce qu'ils me proclament leur semblable.

Des personnes d'un rare mérite, d'excellens patriotes, m'ont fait des observations auxquelles je dois une réponse sérieuse. La première, est le reproche d'avoir fait de mon *ami des loix* un ci-devant noble. D'abord, il eût été difficile que Versac, enivré de sa noblesse et de ses titres, voulût choisir pour son gendre un homme d'une caste qu'il regarde au dessous de la sienne. Mais ce motif eût été foible sans celui-ci. Qu'ai-je peint? un vrai philosophe. Qu'ai je voulu faire valoir? une révolution qui sera toujours, aux yeux du sage, le triomphe de l'humanité et de la raison. Étoit-ce donc un grand effort qu'un homme sorti de la caste opprimée se ralliât au nouvel ordre, et fît la guerre à la caste des oppresseurs? Étoit-ce prêcher en faveur de la révolution que de lui chercher des apôtres dans ceux dont elle agrandissoit l'existence et les droits? Non. Mais faire triompher de ses préjugés celui à qui ses préjugés faisoient couler une existence commode et douce: mais faire briser de ses propres mains à un homme les liens si puissans de son amour-propre; lui faire immoler à ses frères ses plus douces prérogatives: mais exposer aux yeux le véritable homme libre, le sage par excellence, en prise avec la scélératesse et l'adversité, bénissant, sur les débris de sa fortune, cette révolution qui le ruine, avant laquelle il vivoit heureux et paisible! N'est-ce pas la sanctifier à jamais? Qu'est-ce avouer, si ce n'est que ce qu'on préfère à tout au milieu de tant de désastres renferme des jouissances surnaturelles au-dessus des perceptions du vulgaire, pareilles peut-être aux tourmens si doux de l'amour, qui n'en rendent ses faveurs que plus enivrantes. Le véritable amour de la liberté se prouve par les sacrifices. Qui peut douter que ce sentiment n'enflâme le cœur de Forlis. Molière, dans Tartufe, n'a fait de son vrai dévôt qu'un moraliste. Ce grand homme nous a donné, dans le personnage de Cléante, la théorie de la véritable piété. Quelqu'humoriste du temps eût pu élever des doutes sur la tenue de son caractère dans les applications de la vie. Mais ici c'est un philosophe pratique; ce n'est pas seulement par ses discours, c'est par ses actions qu'il prêche et qu'il persuade. Mes deux contendans une fois mis en scène, l'un n'est occupé qu'à repousser les traits ou les infamies de l'autre. Je sais bien que les *nomophages* de nos jours, qui ont pris à tâche d'honorer comme patriotes les incendiaires et les assassins, ont traité de *feuillans* ce *Forlis* qui, ne voulant point d'une liberté furibonde, fait la guerre aux subvertisseurs, veut de l'ordre, des mœurs, des loix; n'a point encore accoutumé ses yeux timides à voir couler des flots de sang, ses foibles mains à le verser, ses oreilles à entendre les cris des victimes. Les hommes honnêtes ne verront dans les premiers que des tigres qui s'entredévorent; dans Forlis, et tous ceux qui lui ressemblent, qu'un peuple d'amis et de frères.

Un des griefs de quelques personnes contre mon ouvrage, c'est de n'avoir pas fait un imbécille ou un monstre de mon *aristocrate ;* car, ont dit ces gens profonds, par-là, l'auteur veut faire aimer l'aristocratie. Ainsi, l'intention la plus morale peut-être de ma comédie a été calomniée. Je m'explique. J'ai dû prêcher pour convertir : mais j'avoue que je n'ai jamais cru jusqu'ici que l'injure fût un moyen bien propre à se faire des prosélytes. Ce n'est pas en blessant les cœurs qu'on parvient à les gagner. J'ai distingué d'abord (et quiconque a un peu de sens l'a déjà fait avec moi), j'ai distingué l'aristocrate de Coblentz, de *l'aristocrate de Paris ;* celui qui a tourné les armes contre son pays, de celui qui est resté fidèle à son pays et à ses foyers. L'un est coupable, l'autre n'est qu'aveuglé. Croit-on que toutes ces peintures exagérées qu'on expose sur la sçène, d'aristocrates luttant à qui mieux mieux de fureur ou de stupidité, soient bien efficaces pour guérir ceux qu'on attaque ? on les irrite, et c'est tout. Loin de moi, me suis-je dit, ces portraits que réprouve le goût et la raison. Je mets aux prises un aristocrate et un républicain : faisons un honnête homme du premier ; le second aura encore plus de mérite à le paroître. Dans ce tableau que j'expose, j'obtiendrai déjà beaucoup, si je puis faire rougir ceux qui partagent les opinions de Versac, de ne point partager son honnêteté. Ce sera déjà un commencement de conversion : mais comment y parvenir, si ce n'est en leur rendant aimable cet homme aveuglé, mais honnête ? Si j'en fais un méchant au contraire, les aristocrates seulement d'opinion, crieront à l'exagération, à l'imposture, et les méchans chercheront dans ce modèle une excuse pour demeurer toujours ce qu'ils sont. Qu'aurai-je produit ? rien sans doute ; et le but de cet ouvrage qui doit être l'utile, sera manqué.

Quant au personnage de Filto, un mot suffira pour en développer tous les motifs : ils sont puisés dans cet axiôme dont abusent les scélérats, « *qu'on ne fait point vers la vertu de pas rétrograde* ». J'ai voulu fournir dans l'exemple de cet homme foible une ressource à ceux qui ne se sont qu'égarés.

Le but principal, le but réel de mon ouvrage a été d'éclairer le peuple ; mais sur-tout de le venger des calomnies qui lui attribuent tous les crimes des brigands. C'est en rappellant sans cesse au peuple le sentiment de sa dignité, qu'il s'en pénétrera à jamais ; mais je n'ai point déshonoré mon art, en faisant comme on a cru le voir, de la comédie une satyre. Je n'ai pas voulu que mes vers fussent une arêne ou luttassent les animosités. Tout ce qu'ils peignent appartient à la nature. C'est-là que le Poëte doit toujours puiser ses couleurs. C'est du mélange des traits épars que j'ai voulu composer mes masses. La véritable comédie est le miroir de la vie humaine, non celui d'un individu. J'avois commencé un prologue où je développois ces idées ; je ne l'ai point achevé. En voici quelques vers. C'est un dialogue entre l'auteur et son ami. L'ami dissuade l'auteur de donner sa comédie.

Oui, (*dit-il*) monsieur l'homme à talent,
Oui, votre ouvrage enfin, fût-il même excellent
Doit tomber. D'ennemis des torrens, des nuées
Fondront sur vous, mon cher, avec mille huées;
On n'écoutera pas, et le titre annoncé
Avant que d'être au jour vous serez tréppassé.

L'AUTEUR.

Eh bien, s'il est ainsi, si leur fureur est telle,
C'est au vrais citoyens alors que j'en appelle.

L'AMI.

Que d'ennemis ! ô ciel !

L'AUTEUR.

Tous les frippons ; tant mieux.
Les vrais honnêtes gens seront pour moi contre
eux.
Mais le vice d'ailleurs est toujours un faux brave,
Tyran de qui le craint, de qui l'attaque esclave.
Molière le censeur avec les charlatans,
Descendit-il jamais aux accommodemens ?
« Ce me sont, disoit-il, de mortelles blessures
» De voir qu'avec le vice on garde des mesures ».
Et son vers immortel dans son ame enfanté
Sut créer pour le vice une immortalité.
J'aurai tout son courage.

L'AMI.

Aurez-vous son génie ?

L'AUTEUR.

Moi suivre ce géant dans sa course infinie !

Jamais. Très-foible Auteur ; mais très-bon
citoyen,
Je borne ici ma gloire à faire un peu de bien.
Au reste, si le cœur peut agrandir la tête,
L'amour de mon pays doit créer le poëte.

L' AMI.

Que de gens après vous vont crier au méchant !

L' AUTEUR.

Des sots et des frippons c'est l'ordinaire champ :
Ils y courent frappant de cette arme insensée,
L'homme de bien adroit qui lit dans leur pensée.
La comédie au reste est un commun miroir
Offert à tout le monde, où chacun peut se
voir.
Eh ! combien peu, mon cher, savent s'y
reconnaître !

L' AMI.

Les portraits burinés sous la main du grand
maître !

Ont tous été saisis. Tartufe et Trissotin,
Ont fait montrer au doigt et Pirlon et Cottin

L' Auteur.

Scrupule ! pour qu'au vrai mes portraits soient fidèles,
Je dois dans la nature en chercher les modèles.
Mes frippons vinssent-ils de Rome ou de Pekin,
Auront, non pas le cœur, mais le visage humain.
Puis-je empêcher les gens, en bonne consciènce,
De venir dans leurs traits chercher leur ressemblance ? etc.

Je ne quitterai point la plume sans remercier ceux des citoyens qui ont joué des rôles dans ma Pièce, et dont il n'y a que le zèle qui puisse égaler le talent. Je ne parlerai d'aucun en particulier. Ils me pardonneront sans doute de confondre en un seul, tous les éloges que je dois à chacun d'eux. Ils ont séparément trop bien mérité, je ne dis point de l'Auteur, mais de tout le public de Paris; mais de tous les françois peut-être, en établissant un ouvrage dont le but n'est pas sans utilité, pour diviser entre les membres les félicitations qu'on doit au corps entier, c'est affoiblir ses sentimens que de les partager ; qu'ils me permettent donc de généraliser sur eux ma reconnoissance.

PERSONNAGES.

M. DE VERSAC, ci-devant Baron.	VANHOVE.
Madame DE VERSAC, sa femme.	Mad^e SUIN.
M. DE FORLIS, ci-devant Marquis	FLEURY.
M. NOMOPHAGE.	SAINT-PRIX.
FILTO, son ami.	SAINT-PHAL.
DURICRANE, journaliste.	LAROCHELLE.
M. PLAUDE.	DAZINCOURT.
BÉNARD, homme d'affaires de M. Forlis.	DUPONT.
Un OFFICIER et sa suite.	DUNANT.
Domestiques de M. de Versac.	

La Scène est à Paris, dans la maison de M. de Versac.

Le Théâtre est éclairé.

L'AMI DES LOIX.

ACTE PREMIER.

SCÈNE PREMIÈRE.

M. DE VERSAC, FORLIS.

M. DE VERSAC.

Vous avez vu ma fille ? au moins je suis
tranquille,
Elle est mieux : sa santé m'inquiétoit ; la ville,
Tout son ennui, le train qui règne en ma maison,
Où vos petits messieurs, héros en déraison,
Veulent régir la France, et ma table, et ma
femme ;
Ce fracas alloit mal aux goûts purs de son ame.
Tout son cœur a bientôt revolé vers les champs :
Chez sa tante du moins, livrée à ses penchans,

Elle n'écoute pas les discours emphatiques
De ces nains transformés en géans politiques.
Elle y cultive en paix votre idée et son cœur.
Mais je vous le redis, Forlis, avec douleur,
Leurs fonds sont rehaussés : vos quinze jours d'absence
Aux dépens de la vôtre ont grossi leur puissance :
Madame de Versac en est ivre, et je crains
Pour ma Sophie et vous, mon cher, bien des chagrins.

FORLIS.

J'ai votre aveu, le sien.

VERSAC.

Ma parole ? elle est sûre :
Je la tiendrai.

FORLIS.

Tant mieux. Ce mot seul me rassure :
Car je vous vis toujours maître dans la maison.

VERSAC.

Le bon temps est passé

FORLIS.

Vraiment ! et la raison ?
C'étoit un grand abus !

VERSAC.

La chance est bien changée.
Ma femme étoit soumise ; elle s'est corrigée :
Elle acquiert, mais beaucoup de résolution :
Et c'est, mon cher monsieur, la révolution
Qui m'ôte avec mes droits ceux que j'eus sur son ame.

FORLIS.

Oh ! le tour est piquant !

VERSAC.

J'avois contre madame
Deux grands torts : j'étois noble, et de plus son mari.

FORLIS.

Vous voilà du premier comme moi bien guéri.

VERSAC.

L'héritage, Forlis, que je tiens de mon père
Étoit en fonds d'honneurs et non en fonds de terre.
Les aïeux de ma femme, en titres moins brillans,
En bons contrats de rente étoient plus opulens.
La fortune illustrée alors par ce mélange,
Payoit la qualité qui vivoit de l'échange :

C'étoit bien. Comme noble ensemble et comme
époux,
J'avois double pouvoir sur ses vœux, sur ses
goûts.
J'ordonnois : mais, mon cher, il faut voir la
manière
Dont regimbe à présent sa hauteur roturière !
Madame veut avoir aussi sa volonté :
Et comme tous les biens viennent de son côté,
Elle sait de ses droits s'en faire sur sa fille.
Si je parle en époux, en vrai chef de famille,
Tout est perdu pour moi ! vos régénérateurs,
Des vices sociaux ardens dépurateurs,
Pour qui la nouveauté fut toujours une amorce,
Ont, vous le savez bien, décrété le divorce...

FORLIS.

Oui.

VERSAC.

Je suis roturier déjà de leur façon :
Ma femme, en me quittant, peut me rendre
garçon.

FORLIS.

Vous êtes gai, vraiment, pour un aristocrate !

VERSAC.

Moi ? j'enrage, et me tais : car enfin que j'éclate,

Puis-je changer, après bien des cris, bien des frais,
La tête de ma femme ainsi que vos décrets?

FORLIS.

Non.... On tient donc toujours bureau de politique?

VERSAC.

Oui, c'est à qui fera ses plans de république.
L'un dans sa vue étroite et ses goûts circonscrits,
Claquemure la France aux bornes de Paris :
L'autre, plus décisif, plus large en sa manière,
Avec la France encor régit l'Europe entière :
L'autre, en petits états coupant trente cantons,
Demande trente rois, pour de bonnes raisons :
Et tous jouant les mœurs, étalant la science,
Veulent régénérer tout, hors leur conscience.

FORLIS.

Le portrait est fidèle, entre nous, mais je voi
Que vous vous alarmez un peu trop tôt pour moi.

VERSAC.

Vous ne doutez de rien.

FORLIS.

Votre femme....

VERSAC.

En est folle,

Et compte bien un jour par eux jouer un rôle.

Vous qui trouvez tout bien, monsieur l'homme sensé,

Qui voyez tout debout, quand tout est renversé,

Qui vantez, adorez, dans votre folle ivresse,

La révolution ainsi qu'une maîtresse,

Dites.....

FORLIS.

Vous m'attaquez ? si je vais riposter,

Nous finirons encor, Versac, par disputer.

Faut-il qu'à mon retour madame me surprenne...

VERSAC.

Je suis ici tout seul, ainsi donc point de gêne.

FORLIS.

Votre femme.....

VERSAC.

Est au club à faire des décrets.....

Or, maintenant lisez ceci.

(*Il lui remet une lettre.*)

FORLIS, (*l'ouvrant.*)

Coblentz ! après ?

VERSAC.

Ils viennent.

FORLIS.

Qui ?

VERSAC.

Les rois, l'Europe qu'on irrite.

FORLIS.

Vous m'effrayez ! les rois !

VERSAC.

Eux, monsieur, et leur suite.
La loi, par votre illustre et docte invention,
Est du vœu général toute l'expression,
Toute la volonté de l'Europe alarmée,
Par cent bouches à feu va vous être exprimée.

FORLIS.

Allons !

VERSAC.

Un manifeste adroit, bien détaillé,
Et d'une bonne armée au besoin appuyé,
S'imprime, qui pesant dans un juste équilibre
Les droits des souverains et ceux du peuple libre....

FORLIS.

De vos rois apportant la dernière raison,
Nous va fonder des loix à grands coups de canons ?

VERSAC.

On veut vous éclairer, et non pas vous détruire :
Vous nous abattez tout, on vient tout reconstruire ;
Commerce, industrie, arts, tout tend à s'abîmer.....

FORLIS.

Et grace à vos pandours tout va se ranimer ?

VERSAC.

Mais tout nos droits d'abord.

FORLIS.

Pour de vains privilèges,
Verrez-vous sans effroi ces hordes sacrilèges,
Rougir le sol françois du sang de nos guerriers ?

VERSAC.

Non, s'ils sont tients de sang j'abjure nos lauriers.
Je suis, puisqu'aujourd-hui tout noble ainsi se nomme,
Aristocrate, soit ; mais avant honnête homme.
Je ne saurois me faire à votre égalité ;
Mais j'aime mon pays, je ne l'ai point quitté.
Et s'il faut franchement dire ce que j'éprouve
Sur tous nos émigrés, mon cœur les désapprouve.

Mais dans l'ame comme eux gentilhomme François,
Je puis, sans les servir, attendre leurs succès.

FORLIS.

Vous attendrez.

VERSAC.

La France, antique monarchie;
République! vrai monstre! enfantement impie
Qui ne se vit jamais!

FORLIS.

Que vous verrez.

VERSAC.

Allons!...
Un état sans noblesse!.... il faut des échelons
Pour monter.

FORLIS.

Nous marchons dans une route égale.

VERSAC.

Le dernier citoyen perdu dans l'intervalle
Pourra-t-il sans patrons, sans voix, sans tru-
chement,
Des degrés élevés franchir l'éloignement?

FORLIS.

Oui mon cher, et sans peine encor, sans résis-
tance.
C'étoit les échelons qui faisoient la distance,
Les voilà tous rompus.

VERSAC.

J'enrage ; allons, poussez,
Intrépide optimiste !

FORLIS.

Ah ! vous vous courroucez ?

VERSAC.

Vous qui voulez, de l'homme étendant le domaine,
Dans l'ame d'un François voir une ame romaine.
Rappellez-vous donc Rome au siècle de Caton :
L'erreur d'un demi-dieu peut servir de leçon.
Caton, qu'eût adoré Rome dans son enfance,
Et dont le sort plus tard déplaça l'existence ;
Caton qu'un saint amour pour sa Rome enflâma,
La voulut reculer au siècle de Numa ;
Des Romains à la sienne il jugea l'ame égale ;
Il n'avoit que pour lui mesuré l'intervalle ;
Il crut n'obtenir rien que d'obtenir beaucoup ;
Voulant tout exiger, sa vertu perdit tout :
Sa vertu prépara les fers de Rome esclave ;
Rome immola César, et fléchit sous Octave.
Monsieur, je vous renvoie à la comparaison.

FORLIS.

Je réponds à présent de votre guérison.
Vous raisonnez ; c'est être à moitié démocrate.
Ce beau germe perdu sur une terre ingrate,

Caton « qu'un saint amour pour sa Rome enflâma ,
» La voulut reculer au siècle de Numa » ?
Oui , Caton se trompa. Qu'en pouvez - vous conclure ?
Qu'il connut la vertu , mais fort mal la nature.
Il traita Rome usée et tombant de langueur ,
Comme il eût traité Rome aux jours de sa vigueur.
Ce vœu fut , j'en conviens , d'un fou plus que d'un sage ,
D'assoupir la vieillesse aux mœurs du premier âge.
L'avons-nous imité ? Toutes nos vieilles loix
Dans leur poudre , aujourd'hui , dorment avec nos rois.
Nous n'allons pas fouiller ces mines sépulcrales ,
Ces titres tout rongés de rouilles féodales,
Le temps et la raison , ces fidèles flambeaux ,
Vont diriger nos pas dans des sentiers nouveaux,
Et , des vieux préjugés éclairant l'artifice ,
Cimenter de nos loix l'immortel édifice.
Bientôt un même esprit....

VERSAC.

Un même esprit ? Jamais
Tant qu'il existera des intrigans.

FORLIS.

Eh ! mais

Tout excès a son terme, et l'homme qui
sommeille
Aux purs rayons du jour à la fin se réveille.
Ce n'est qu'un voyageur par un guide égaré,
Qui dans le droit chemin sera bientôt rentré.
Un conducteur plus sûr, sa raison l'y rappelle:
L'oreille, le cœur s'ouvre à sa voix immortelle:
Les sentiers suborneurs bientôt sont délaissés;
Les faux guides bientôt punis ou repoussés.

VERSAC.

Grands mots que tout cela! Le temps, l'expé-
rience
Vous donne un démenti: mais je perds patience;
N'en parlons plus, Forlis.... Vous allez voir ici
Un bon original.

FORLIS.

Encore!

VERSAC.

Oh! celui-ci,
Vous le connoissez bien de nom; c'est monsieur
Plaude.

FORLIS.

Qui?

VERSAC.

Cet esprit tout corps, qui maraude, maraude
Dans l'orateur romain, met Démosthène à sec,
Et n'est, quand il écrit, pourtant Latin ni Grec.

FORLIS.

Ni François, n'est-ce pas?

VERSAC.

Animal assez triste,
Suivant de ces gros yeux les complots à la piste;
Cherchant par-tout un traître, et courant à grand bruit
Dénoncer le matin ses rêves de la nuit.
Dans le champ politique effaçant ses émules,
Nul ne sait comme lui cueillir les ridicules.

FORLIS.

J'y suis.

VERSAC.

Vous connoissez les autres : c'est d'abord
Duricrâne, de Plaude audacieux support,
Journaliste effronté, qu'aucun respect n'arrête.
Je ne sais que son cœur de plus dur que sa tête.
Puis monsieur Nomophage et Filto son ami.
Filto dans le chemin est trop affermi;
Le besoin d'exister, la fureur de paroître,
Le rend sur les moyens peu scrupuleux peut-être.
Pour monsieur Nomophage, oh! passe encor : voilà
Ce que j'appelle un homme! un héros! l'Attila

Des pouvoirs et des loix ! Grand fourbe politique ;
De popularité semant sa route oblique ;
C'est un chef de parti....

FORLIS.

Peu dangereux.

VERSAC.

Ma foi ;
Je ne sais... il vous craint.

FORLIS.

Je le méprise, moi....

SCENE II.

Les mêmes, UN DOMESTIQUE.

Le DOMESTIQUE (*à Versac.*)

MONSIEUR, on est rentré. (*Le domestique sort.*)

VERSAC (*à Forlis.*)

Vous allez voir ma femme.

FORLIS.

Volontiers.

VERSAC.

Je l'entends.

SCÈNE III.

Les mêmes, Madame VERSAC.

VERSAC (*à sa femme.*)

Voici Forlis, madame.

Madame VERSAC (*le saluant froidement.*)

Monsieur.....

FORLIS (*bas à Versac.*)

Ce froid accueil confirme vos soupçons.

VERSAC (*à sa femme.*)

Je viens de l'informer des puissantes raisons
Qui vous font en ce jour détruire votre ouvrage,
Et de son union rejetter l'avantage;
Mais il ne me croit pas.

Madame VERSAC.

C'est une vérité.

VERSAC.

Je vous dis que madame ainsi l'a décrété.
Adieu. (*Il sort.*)

SCENE IV.

FORLIS, Madame VERSAC.

Madame VERSAC.

Ces nœuds, Forlis, ne faisoient plus mon compte.
Nous n'en serons pas moins bons amis, et j'y compte.
Avec tous vos talens, chef d'une faction,
Vous eussiez agrandi vos biens et votre nom;
Quand l'audace est encor la vertu de votre âge,
Quand il falloit oser, vous avez fait le sage;
Faux calcul! vous voyez, avec tous vos talens,
Vous restez de côté, tandis que d'autres gens,
Moins forts que vous peut-être, auront sur vous la pomme.
Qu'arrive-t-il de là? D'excellent gentilhomme
Qu'on vous vit autrefois, vous voilà comme nous,
Et comme votre ami, monsieur mon cher époux,
Qui me faisoit sonner si haut sa baronie,
Devenu tiers-état, membre de bourgeoisie;

Or l'homme ancien chez vous n'étant pas remplacé,
Par les hommes du jour mon cher est effacé.

FORLIS.

Si vous aviez l'esprit moins juste, au fond de l'ame,
J'aurois bien quelque droit de m'effrayer, madame.

Madame VERSAC.

Vous valez mieux d'accord que vos rivaux.

FORLIS.

Vraiment !
Vous n'attendez de moi rien pour ce compliment.

Madame VERSAC.

Mais de l'opinion le thermomètre indique
Qu'on doit en trente états couper la république.

FORLIS.

Vous croyez ?

Madame VERSAC.

C'est le vœu général à présent.
Votre chère unité sera mise au néant.
Un sublime projet ! c'est le plan du partage !
Quelqu'un m'en fait demain lecture : Nomophage

Qui vient exprès dîner..... Mais j'oublie à propos

Que je vais vous parler encor de vos rivaux....

Vous les haïssez bien !

FORLIS.

Et je m'en glorifie.

Madame VERSAC.

Pourquoi, Forlis ?

FORLIS.

Faut-il que je les qualifie ?

Je pardonne au trompé, mais jamais au trompeur.

Madame VERSAC.

Quoique vous les traitiez avec un peu d'humeur,

J'aime à vous voir ici tous quatre bien en prise !

Nous vous aurons demain ?

FORLIS.

Craint-on ce qu'on méprise ?

Oui, madame.

Madame VERSAC.

Avec eux, demain je vous attends.

FORLIS.

J'ai rencontré parfois de plus fiers combattans :

Et vaincre ces messieurs n'est pas une victoire.
Un combat sans danger donne un laurier sans gloire.
Mais j'impose au combat une condition :
C'est que donnant l'essor à mon opinion,
J'en exerce sur eux le libre ministère.

Madame VERSAC.

Sans gêne. Ils ont d'ailleurs un fort bon caractère.

FORLIS.

En vérité, madame, oui, j'admire comment
Ces messieurs vous ont pu séduire un seul moment !

Madame VERSAC.

Mais ils sont, croyez moi, patriotes.

FORLIS.

Madame,
Descendons vous et moi franchement dans votre ame :
Patriotes ! ce titre et saint et respecté,
A force de vertus veut être mérité.
Patriotes ! Eh quoi ! ces poltrons intrépides
Du fond d'un cabinet prêchant les homicides !
Ces Solons nés d'hier, enfans réformateurs
Qui rédigeant en loix leurs rêves destructeurs,

Pour se le partager voudroient mettre à la gêne
Cet immense pays rétreci comme Athène :
Ah ! ne confondez pas le cœur si différent
Du libre citoyen, de l'esclave tyran.
L'un n'est point patriote, et vise à le paroître :
L'autre tout bonnement se contente de l'être.
Le mien n'honore point, comme vos messieurs font,
Les sentimens du cœur de son mépris profond.
L'étude, selon lui, des vertus domestiques
Est notre premier pas vers les vertus civiques.
Il croit qu'ayant des mœurs, étant homme de bien,
Bon parent, on peut être alors bon citoyen.
Compatissant aux maux de tous tant que nous sommes,
Il ne voit qu'à regret couler le sang des hommes ;
Et du bonheur public posant les fondemens,
Dans celui de chacun en voit les élémens.
Voilà le patriote ! il a tout mon hommage.
Vos messieurs ne sont pas formés à cette image.
Mais, dites-moi, des deux quel est le favori ?

Madame VERSAC.

Aucun encor, ma foi.

FORLIS.

Bon !

Madame Versac.

Je n'ai jusqu'ici
Point de penchant pour eux et pour eux point de haine.

Forlis.

Il faut choisir pourtant.

Madame Versac.

Je choisirai sans peine:
Si le succès s'arrange au gré de vos rivaux
Comme ils l'ont arrangé déjà dans leurs cerveaux,
Plus digne par son bien d'entrer dans ma famille,
Le mieux doté des deux, mon cher, aura ma fille.

Forlis (*lui baisant la main.*)

Je serai votre gendre.

Madame Versac.

Oui.... nous verrons cela.
Pour monsieur mon mari, patience : on saura
Lui prouver que ce monde est une loterie
Où le sort suit sa roue, avec elle varie.
Du haut nom de baron on le vit s'enticher.
Vers de plus grands honneurs moi je prétends marcher.

Pour ma fille en un mot puisqu'il n'est plus de princes,
Je veux un gouverneur de deux ou trois provinces.

FORLIS (*riant.*)

Oh! vous ne pouviez mieux terminer le roman.

Madame VERSAC.

N'est-ce pas? permettez qu'on vous quitte un moment?
Je passe chez monsieur.

FORLIS.

Peut-on vous y conduire?
(*Elle lui donne la main.*)
Je vais le saluer de son nouvel empire.

Fin du premier Acte.

ACTE II.

SCÈNE PREMIÈRE.

FORLIS, BÉNARD.

FORLIS.

ENTRONS ici, Bénard.

BÉNARD.

Monsieur, je vous apporte....

FORLIS.

La liste?

BÉNARD.

En bon état.

FORLIS. (*Il prend un papier de ses mains.*)

Elle me paroît forte....
Cent cinquante !... par jour, à vingt sols, c'est je crois....
Par jour.... vingt sols chacun.... deux cents louis par mois.

BÉNARD.

Moins douze, monsieur.

FORLIS.

Oui, moins douze.

BÉNARD.

Et quatre livres,

FORLIS.

Et quatre livres : bon.

BÉNARD.

C'est noté dans mes livres.

Ce nombre est un peu cher, monsieur, à soudoyer !

FORLIS.

C'est doubler son argent que le bien employer.

BÉNARD.

De ces actions là peu de gens sont capables.

FORLIS.

Vous me jugez trop bien ou trop mal mes semblables.

Le secret est-il sûr ?

BÉNARD.

Oui ; mais d'un si beau trait

Qui vous feroit honneur, pourquoi faire un secret,

Monsieur ?

FORLIS.

Mon cher Bénard, faut-il que je vous dise
Que c'est de la vertu faire une marchandise
Qu'étaler au grand jour le bien qu'on dut cacher.
L'opinion est-elle un prix à rechercher?
C'est usurairement placer la bienfaisance
Qu'au delà du bienfait chercher sa récompense :
C'est vendre, non donner. Le seul pur intérêt
Qu'on en doive exiger, Bénard, c'est le secret.
Mais suivez-moi, voici ce monsieur Nomophage
Et son ami Filto.

BÉNARD.

C'est le couple d'usage.
(*Ils sortent tous deux.*)

SCÈNE II.

NOMOPHAGE, FILTO.

NOMOPHAGE (*voyant sortir Forlis.*)

COMMENT diable ! Forlis de retour !... ah ! tant pis.
Il faut au journaliste en donner prompt avis.

Nous serons bien ici.... Je vais vous montrer l'acte.

(*Ils s'asseyent à une table.*)

FILTO.

Du partage ?

NOMOPHAGE.

J'en tiens une copie exacte.
Vous savez que déjà le plan est arrêté.

FILTO.

Oui, je sais même encor comme on vous a traité.

NOMOPHAGE.

J'ai su faire valoir mes services extrêmes :
Nous plaidons toujours bien en plaidant pour nous-mêmes.
Mais tant de concurrens !

FILTO.

Sans doute.

NOMOPHAGE.

Il falloit bien
Nous saigner quelque peu pour force gens de bien,
Bons travailleurs sous nous, troupeau qui nous seconde ;
Et qui veut réussir ménage tout le monde.

Soyons justes d'ailleurs, mon cher : sous l'ordre ancien
Qu'étions-nous vous et moi ? parlons franc ; moins que rien.
Qu'avions-nous ? j'en rougis ! pas même un sol de dettes,
Car il faut du crédit pour en avoir de faites.
Or, d'un vaste pays maintenant gouverneurs,
Nous aurons des sujets, des trésors, des honneurs,
Nous qui, riches de honte et sur-tout de misère,
N'avions en propre, hélas! pas un arpent de terre.

FILTO. (*Il lit sur le papier, et suit des yeux sur la carte géographique.*

Oui... voyons le travail.... Mâcon... Beaune.... vraiment,
Bon pays pour le vin !

NOMOPHAGE.

Il tombe au plus gourmand.

FILTO.

Ah voici notre lot.... on me donne le Maine.

NOMOPHAGE.

Vous allez y manger les chapons par centaine.

FILTO.

C'est un fort beau pays !... vous avez le Poitou.

NOMOPHAGE.

Oui, mais j'aurois voulu qu'on y joignît
l'Anjou.

FILTO.

Je n'y vois rien pour Plaude ?

NOMOPHAGE.

Eh ! mais, que diable y faire
D'un fou, qui tout coëffé d'un vain systême
agraire,
Ne fait du sol françois qu'une propriété,
Et de ses habitans qu'une communauté ?

FILTO.

Vous faisiez secte ensemble ?

NOMOPHAGE.

En politique habile,
J'use d'un instrument, tant qu'il peut m'être
utile.
Un moment, comme lui, je fus *agrairien*,
Mais pourquoi ? C'est qu'un champ vaut toujours
mieux que rien.
Aujourd'hui du Poitou puissant seigneur et
prince,
Je laisse là le champ pour prendre la province.

FILTO.

Ce plan me paroît bien. Il n'y manque à présent
Que l'exécution et le succès.

NOMOPHAGE.

Comment ?

FILTO.

Le Forlis nous travaille, et nous et notre suite
Avec une vigueur de talens.

NOMOPHAGE.

Qui m'irrite.
Il faut qu'avant huit jours ce Forlis qui nous nuit
Tombe ou nous : de sa fin notre règne est le
fruit ;
Et de l'ordre et des loix ces fidèles apôtres
Sont les amis du peuple, et ne sont pas les nôtres.
Un Forlis, dégagé de toute ambition,
Ivre de son pays pour toute passion,
Ne doit être à nos yeux qu'un monstre en
politique.
Ces prôneurs d'unité dans une république
Sont des fléaux pour nous ; un état démembré
Seul à l'ambition offre un règne assuré.

FILTO.

Il faut que la vertu cache en soi quelque chose
Que je ne comprends pas, et qui nous en impose ;

Mais ce Forlis m'étonne, et j'ai honte entre nous,
D'être à lui peu semblable, et si semblable à vous.

NOMOPHAGE.

Tête étroite! une fois poussé dans la carrière,
Doit-on, comme un poltron, regarder en arrière?
Allons, droit en avant, monsieur le viceroi.
Il faut avoir sa marche, une attitude à soi.
Dans les flancs de l'airain que la flamme enfermée
Frappe en se faisant jour notre oreille alarmée,
J'y consens; mais plus ferme et bravant tous les feux,
Le cœur, sans s'étonner, s'élance au milieu d'eux.
Les succès sont toujours les vrais fils de l'audace.
Qui sait oser, sait vaincre; et qui craint, s'embarrasse,
Se fourvoye, et s'égare au plus beau du chemin.
Il faut, comme un enfant, vous mener par la main.
La vertu! c'est sans doute une chose fort belle!
J'ai, moi qui vous en parle, un grand respect pour elle;
Et n'étoit qu'en ce monde on est mince sans bien,
Je pourrois, comme un autre, être un homme de bien...

Duricrane, mon cher, poursuit Forlis, le guette :
Il n'entendra pas, lui, la redite indiscrette
D'un obscur sentiment, de ce cri de vertu
Qui doit toujours se taire, une fois qu'il s'est tu.

FILTO.

Cela n'est pas toujours, quoique cela doive être.
Ce cri mal étouffé souvent reparle en maître.
Mais, sans rougir enfin, pouvons-nous partager
Avec un Duricrane?

NOMOPHAGE.

Il le faut ménager.

FILTO.

Qu'avec moi sans détour votre bouche s'explique.
Dites, que pensez-vous du plan de république?

NOMOPHAGE.

Du nôtre? bon pour nous!

FILTO.

Tenez, entre nous deux,
Quand je suis avec vous, j'ai toujours sous les yeux
Ces deux prêtres Romains dont parle la satire,
Qui ne pouvoient jamais se regarder sans rire.

NOMOPHAGE.

Nous pouvons aussi rire ; car nous aurons de quoi.
Mais parlons d'autre chose un peu ; ça dites-moi;
La petite Versac vous tient-elle en cervelle?

FILTO.

Selon. Et vous?

NOMOPHAGE.

Ma foi, j'en rabats bien pour elle,
L'empereur du Poitou, digne allié des rois,
Ne pourra plus descendre à ces liens bourgeois.

FILTO.

Monsieur le gouverneur de l'un et l'autre Maine,
Peut trouver dans les cours quelqu'infante, et sans peine.

NOMOPHAGE.

Oui, mais mon cher Filto, croyez-en mes avis.
Tenons toujours le dez pour l'ôter à Forlis,
Cet enfant là d'ailleurs est unique héritière,
Et si quelque démon (ce que je ne crains guère)
Brisoit contre un écueil notre empire et nos vœux,
Son bien dans le naufrage aideroit l'un des deux.
Pour moi, votre rival, je verrai sans colère,
Le bonheur d'un ami... (*à part.*) j'ai l'aveu de la mère.

FILTO.

FILTO.

Et moi donc, tous les deux soyez unis demain,
Je serai satisfait..... (*à part*) on m'a promis sa
main.

SCÈNE III.

Les mêmes, DURICRANE.

NOMOPHAGE.

EH! voici Duricrane......; accourez, qu'on
s'empresse
A vous féliciter........ oh! quel air d'alégresse!
Vous avez, mon cher cœur, votre part au gâteau.

DURICRANE.

Je sais..... j'accours vers vous, et je suis tout
en eau,
Vous remarquez ma joie.

NOMOPHAGE.

Oui, ta gaîté maligne,
D'un complot découvert nous doit être un doux
signe.

DURICRANE.

Ah!.... devinez un peu le traître.

NOMOPHAGE.

Le coquin
Nous aborde toujours un complot à la main.

DURICRANE.

Ce dernier en vaut cent.

NOMOPHAGE.

Enchanteur !.... allons, passe.

DURICRANE.

Oh ! oui, le ciel sur moi manifeste sa grâce,
A sauver la patrie il m'a prédestiné !

NOMOPHAGE.

Fais que ton chapelet soit bientôt décliné ;
Laisse un peu là, mon cher, le ciel et la patrie.
Ne nous torture plus, parle quand on t'en prie.

DURICRANE.

Il m'a guidé, vous dis-je.

NOMOPHAGE.

Où donc ?

DURICRANE.

Dans le jardin.

NOMOPHAGE.

Le ciel !.... & pour y voir ?

DURICRANE.

Ah ! le diable est bien fin ;

Vous deux qui vous croyez un esprit plus habile,
Devinez le coupable, on vous le donne en mille.

NOMOPHAGE.

Voyez si ses écarts seront bientôt finis?
Son nom?

DURICRANE.

Vous saurez donc....

NOMOPHAGE.

Son nom?

DURICRANE.

Monsieur Forlis.

NOMOPHAGE.

Quoi! Forlis?

FILTO.

Prenez garde: oh! cela ne peut être.

DURICRANE.

On en est sûr, Monsieur; on se connoît en traître.

NOMOPHAGE.

En effet, mon ami, prends garde, il a raison;
Prends garde.... Oh! seulement si de sa trahison
Nous avions, pour l'acquit de notre conscience,
Je ne dis pas la preuve, une seule apparence!
Ce seroit trop heureux!

DURICRANE.

Apparence !.. ah ! bien, oui ?...
Complot réel, vous dis-je, incroyable ! inoui !
Cent cinquante ennemis qu'il soutient, sans reproche,
De ses propres deniers .... Le tout est dans ma poche.

NOMOPHAGE.

Parle, point de longueurs.

DURICRANE.

En deux mots, m'y voici :
A l'invitation je me rendois ici.
Traverſant le jardin, & guettant par routine,
j'apperçois un quidam de fort mauvaise mine,
Marchant près d'un monsieur, qu'à son air, ses habits,
Je reconnus bientôt pour Monsieur de Forlis.
Ce quidam, dont la mine aux façons assortie,
Dénonçoit un agent de l'aristocratie ;
Le retour un peu prompt de son maître, un inſtinct,
Un rayon, je le crois, qui d'en haut me survint,
Tout accrut mes soupçons : « Forlis, me dis-je » à peine
» Vient-il hors de Paris de passer la quinzaine ;

» Le voici de retour! lui parti pour ses bois,
» Qui nous avoit promis d'être absent tout le
» mois ».
Quelque chose est caché sous cette marche
oblique.

NOMOPHAGE.

Oui, le raisonnement est clair et sans réplique.
C'est une tête au moins! il vous flaire un complot!

DURICRANE.

J'étois né délateur: épier est mon lot.
Quand j'ignore un complot, toujours je le devine.

NOMOPHAGE.

Après.

DURICRANE.

Après?... Vers eux je marche à la sourdine,
J'avance, retenant le feuillage indiscret,
Dont le bruit de mes pas eût trahi le secret;
Caché par le taillis, l'oreille bien active,
Le cou tendu, l'œil fixe, et l'haleine captive,
J'écoutai, j'entendis, je vis, je fus content!
Après un court narré, vague et non important,
» Bon, dit Monsieur Forlis, vos listes sont
» complettes;
» Je garde celle-ci ». Puis, prenant ses tablettes,
Il écrit, les referme, & sans me voir, il sort,
Oubliant fur le banc cette liste..... son sort!

Le nôtre ! que sait-on ? crac, fuir de ma cachette,
Saisir et dévorer cette liste indiscrette,
Ce fut pour moi l'éclair ! .... Voyez, lisez un peu.

(Il remet un papier à Nomophage.)

Cent cinquante employés, tous réduits par le jeu
du ressort politique, à zero ! cette bande,
Monsieur, la soutient seul ! .... pourquoi ? je le
demande.

FILTO.

Ceci prouve à mon sens bien peu de chose ou
rien.
Il faut pour condamner .....

DURICRANE.

Lisez.

NOMOPHAGE.

Lisons.

(*Il lit.*)

« Liste des noms de ceux à qui moi, Charles-
» Alexandre Forlis, je m'engage à fournir jus-
» qu'au terme convenu une paie de vingt sols
» par jour, bien entendu que de leur part ils
» rempliront les conventions par eux souscrites,
» et me garderont le secret ».

DURICRANE (*à Filto.*)

Eh bien ?

NOMOPHAGE.

Rien n'est plus clair, complot avéré, manifeste !
Vîte, il faut dénoncer.

DURICRANE.

C'est fait.

NOMOPHAGE.

Bon.

DURICRANE.

Je suis preste !
J'ai commencé par-là, je repars, on m'attend.

NOMOPHAGE.

Pourquoi ?

DURICRANE.

Pour appuyer.

NOMOPHAGE.

Oh ! oui, cours, c'est instant !...
Ecoute, bonne idée ! oui.... quinze ou vingt copies
A nos fidèles.

DURICRANE.

Bon.

NOMOPHAGE.

Avec art départies,

Ces listes tout d'abord vont produire un effet!...

DURICRANE.

Du diable! un bruit d'enfer! un désordre parfait!
Fiez-vous à mes soins.... Oh! j'ai de la pratique:
Des émeutes à fond je connois la tactique.

FILTO.

Forlis est accusé, ne passez point vos droits,
Et sans les prévenir laissez parler les loix.

DURICRANE.

Les loix! les loix!.... ce mot est toujours dans leurs bouches!
Avec des juges vifs et prompts comme des souches,
Laissez parler des loix, qui se tairont toujours!
Non, il faut de la forme accélérer le cours.

NOMOPHAGE.

Bien dit.

DURICRANE.

J'ai dénoncé dans moins d'une quinzaine
Huit complots coup sur coup, c'est quatre par semaine!
Peu de bons citoyens, sans me vanter, je crois,
En ont su découvrir tout au plus un par mois.

Bon!.... mes yeux n'ont été que des visionnaires!
Mes complots (vrais complots d'élite!) des chimères!
Mes accusés le soir sortoient tous des prisons.
Et moi j'étois gibier à petites maisons.
Je cours à notre affaire.

NOMOPHAGE.

Attends, que je te suive.
On s'entend bien mieux deux, et la marche est plus vive.
Sans adieu, mon Filto; nous reviendrons.

SCÈNE IV.

FILTO (*seul.*)

MA foi,
Cette affaire pour eux me cause quelqu'effroi.
Je n'y veux point entrer : puisqu'ils l'ont disposée,
Qu'ils démêlent entr'eux, s'ils peuvent, la fusée....
Ces deux enragés-là, Nomophage sur-tout,
Ont fait un intrigant de moi, contre mon goût.

J'étois né pour la vie honnête et sédentaire.
C'est le plus grand des maux qu'être sans caractère.
Dans les nœuds des serpens, je suis pris.... aujourd'hui
Remplissons notre sort, je n'ai qu'eux pour appui.
Hélas! que ne peut-on, d'une marche commune,
En restant honnête homme aller à la fortune!

ACTE III.

SCÈNE PREMIÈRE.

FILTO, NOMOPHAGE.

FILTO.

Oui, je vous le répète, oui, je tremble pour vous,
Qu'il ne vous faille enfin parer vos propres coups.

NOMOPHAGE.

Trembler ! voilà votre art, mon cher ! sottes alarmes !
Car enfin, contre lui n'avons-nous pas des armes ?
Je mets la chose au pis, & ma haine y consent.
Forlis est cru coupable & se trouve innocent.
Bon ! ses accusateurs ont tort ? erreur nouvelle.
Ils se sont égarés, oui, mais c'étoit par zèle.
Leur terreur, quoique fausse, étoit un saint effroi,
Et le salut du peuple est la suprême loi.

FILTO.

Fort bien : mais cet effroi, selon vous, salutaire,
Ne peut être excusé qu'autant qu'il est sincère :
Et quoique enfin du peuple ordonne l'intérêt,
S'il frappe l'innocence, il n'est plus qu'un forfait.

NOMOPHAGE.

Filto, trève à la peur, ou trève à la morale.

FILTO.

Votre accusation, je suppose, est légale :
Mais la route secrette où vous vous enfermez,
Ces doubles de la liste avec tant d'art semés,
Est-ce légal aussi ?

NOMOPHAGE.

C'est où je vous arrête.
Notre marche est plus sûre en ce qu'elle est secrette.
Qui diable voulez-vous qui la trahisse ? rien.
Les doubles de la liste ? . . . . oui, dangereux moyen,
Si j'avois dans la main des travailleurs timides,
Mais ce sont gens de choix que les miens, sûrs solides,
Gens à principes !

FILTO.

Bon ; mais tous ces aguerris
N'ont pas eu fort souvent affaire à des Forlis.

NOMOPHAGE.

Dans les jardins déjà les grouppes verbalisent :
D'un feu toujours croissant les têtes s'électrisent :
L'affaire est retournée, augmentée, il faut voir
Des oisifs curieux les vagues se mouvoir !
Ce que c'est que l'esprit public ! comme il se monte !

FILTO.

L'esprit public ! un grouppe abusé !... qu'elle honte !
Quel excès de délire et de corruption !

NOMOPHAGE.

Bon ! toujours étonné de la perfection !
Puis-je de mon esprit resserrant l'étendue,
Jusqu'a votre horison rapetisser ma vue ?

FILTO.

Laisser sécher son cœur ! l'endurcir à ce point !

NOMOPHAGE.

Prodige !

FILTO.

Et sans remords ?

NOMOPHAGE.

Je ne les connois point.

Des hauteurs de l'estime où le Forlis s'élève,
Il faut qu'il tombe enfin ! Tout mon sang se soulève,
De voir que son orgueil me confonde aujourd'hui
Avec ces flots d'humains roulans autour de lui,
Parmi cent factieux obscurs et sans courage ;
Ce monsieur en enfant veut traiter Nomophage !
Tout beau, monsieur Forlis, vous qu'on dit si sensé,
Vous saurez ce que peut l'amour-propre offensé.

FILTO.

Faut-il qu'il rende l'ame implacable, inhumaine,

NOMOPHAGE.

Eh quoi ! tout vient ici justifier ma haine.
Car outre que sa chûte aide à notre projet,
Forlis, s'il n'est coupable, est au moins bien suspect.
Bien mieux que vous pour lui, contre lui l'écrit plaide.

FILTO.

Eh bien ! laissez agir la justice.

NOMOPHAGE.

je l'aide.

Est-ce donc un grand mal ?

FILTO.

Est-ce l'aider, grand Dieu !
Que lui forcer la main ?

NOMOPHAGE.

Mon cher Filto, pour peu
Que vous perdiez de vue encor votre personne,
Vous êtes ruiné; moi, je vous abandonne,
Au parti modéré dont vous serez l'espoir.
Esprit lourd, endurci, vous ne voulez pas voir
Que Forlis est un noble, et que tout titulaire
Ne se convertit point au culte populaire.

FILTO.

Mais Forlis. . . .

NOMOPHAGE.

Le serpent, constant dans ses humeurs,
Change de peau, jamais il ne change de mœurs.
Ecoutez, mons Filto, redressez ce langage,
Ou votre nom soudain est biffé du partage.
Un mot encore. Il faut vous dicter tous vos pas,
Pour que votre air, vos yeux ne vous trahissent pas.
Quand Duricrane ici paroîtra dans une heure,
Vous verrez le Forlis en état et demeure
D'arrestation.

FILTO.

Quoi ?

NOMOPHAGE.

Vous vous troublez déjà.
Allons, un maintien ferme, et point de pâleur.... là.
Le voici : taisons-nous.

FILTO.

Voici la compagnie.

SCÈNE II.

Les mêmes, FORLIS, M. et madame VERSAC.

Madame VERSAC (*bas à Nomophage.*)

Nous verrons votre plan à quelqu'heure choisie.
Vous l'avez ?

NOMOPHAGE.

Dans ma poche

Madame VERSAC.

Il faut pour l'examen,
Du temps......Nous parlerons aussi de votre hymen.

SCÈNE III.

Les mêmes, M. PLAUDE.

Madame VERSAC.

EH! comment donc? voici monsieur Plaude!

VERSAC (*bas à Forlis.*)

En personne
C'est l'inquisition.

Madame VERSAC.

L'ingrat nous abandonne.

PLAUDE.

Le service public....

Madame VERSAC.

Vous excuse.

PLAUDE (*lui remettant une brochure.*)

Voici
Ma dissertation nouvelle; celle-ci,
J'ose croire, madame, aura quelqu'influence,
Et doit, pour son grand bien, bouleverser la France.

FORLIS.

Pour son grand bien, monsieur?

PLAUDE.

Oui, monsieur ; en deux mots
La voici : je remonte à la source des maux.
Il n'en est qu'une.

FORLIS.

Bon!

PLAUDE.

Une seule ; elle est claire.
C'est la propriété!

FORLIS.

Je ne m'en doutois guère.

PLAUDE.

De la propriété découlent à longs flots
Les vices, les horreurs, messieurs, tous les fléaux.
Sans la propriété point de voleurs ; sans elle
Point de supplices donc : la suite est naturelle.
Point d'avares, les biens ne pouvant s'acquérir ;
D'intriguans, les emplois n'étant plus à courir ;
De libertins, la femme accorte et toute bonne
Etant à tout le monde, et n'étant à personne.
Point de joueurs non plus, car, sous mes procédés,
Tombent tous fabricans de cartes et de dés.

Or je dis : si le mal naît de ce qu'on possède,
Donc ne plus posséder en est le sûr remède.
Murs, portes et verroux, nous brisons tout cela :
On n'en a plus besoin dès que l'on en vient là.
Cette propriété n'étoit qu'un bien postiche ;
Et puis le pauvre naît dès qu'on permet le riche.
Dans votre république un pauvre bêtement
Demande au riche ! abus ! dans la mienne il lui
prend.
Tout est commun ; le vol n'est plus vol, c'est
justice.
J'abolis la vertu pour mieux tuer le vice.

FORLIS.

La modération n'est pas votre défaut.

NOMOPHAGE (*regardant Forlis.*)

Tant mieux ; les modérés ne sont pas ce qu'il
faut.

FORLIS.

Si ce mot, dont souvent l'on peut faire une
injure,
Désigne en ce moment ces gens froids par na-
ture,
Ces égoïstes nuls, ces hommes sans élans,
Endormis dans la mort de leurs goûts noncha-
lans,
Et de qui l'existence équivoque et flétrie,
D'un inutile poids fatigue leur patrie ;

Je hais autant que vous ces honteux élémens,
D'une nature inerte obscurs avortemens:
Mais si vous entendez par ce mot, l'homme sage,
Citoyen par le cœur plus que par le langage;
Qui contre l'intriguant défend la vérité,
En dût-il perdre un peu de popularité;
Sert, sachant l'estimer, et parfois lui deplaire,
Le peuple pour le peuple, et non pour le salaire;
Patriote, et non pas de ceux-là dont la voix
Va crier *Liberté* jusqu'au plus haut des toits,
Mais de ceux qui sans bruit, sans parti, sans systêmes,
Prêchent toujours la loi qu'ils respectent eux-mêmes;
Si fuir les factions, c'est être modéré,
De cette injure alors j'ai droit d'être honoré!

PLAUDE (*à part.*)

Quel est donc ce monsieur? un ci-devant, sans doute?

NOMOPHAGE.

(*Haut.*)
Moi, les gens sans parti sont ceux que je redoute.

FORLIS.

Oh! c'est par modestie, et non de bonne foi,
Que ces gens là, monsieur, vous donnent de l'effroi;

Et, sans citer des noms que personne n'ignore,
Nous en savons tous deux de plus à craindre
encore.

NOMOPHAGE.

Moi, je ne connois point. . . . .

FORLIS.

Si j'étois indiscret. . . .

NOMOPHAGE.

Sont-ce ces paladins, armés pour un décret ?
Ces héros d'outre-Rhin, ces puissances altières ?

FORLIS.

Vous les cherchez trop loin par-delà nos
frontières.
Non, les miens s'aiment trop pour nous quitter
ainsi.
Ces prudens ennemis sont près de nous, ici.
Ce sont tous ces jongleurs, patriotes de places,
D'un faste de civisme entourant leurs grimaces ;
Prêcheurs d'égalité, pétris d'ambition :
Ces faux adorateurs, dont la dévotion
N'est qu'un dehors plâtré, n'est qu'une hypo-
crisie :
Ces bons et francs croyans, dont l'ame apostasie,
Qui, pour faire haïr le plus beau don des cieux,
Nous font la liberté sanguinaire comme eux.

Mais non, la liberté, chez eux méconnoissable,
A fondé dans nos cœurs son trône impérissable.
Que tous ces charlatans, populaires larrons,
Et de patriotisme insolens fanfarons,
Purgent de leur aspect cette terre affranchie!
Guerre, guerre éternelle aux faiseurs d'anarchie!
Royalistes tyrans, tyrans républicains,
Tombez devant les loix; voilà vos souverains!
Honteux d'avoir été, plus honteux encor d'être,
Brigands, l'ombre a passé : songez à disparoître.

NOMOPHAGE (*avec un peu d'embarras.*)

Moi, je ne reconnois personne à ce portrait.

FORLIS.

Moi, j'en sais quelques-uns qu'il fait voir trait pour trait.

NOMOPHAGE.

On pourroit en douter.

FORLIS.

Oui, la glace fidelle
Réfléchit des objets aveugles devant elle.

NOMOPHAGE.

Vous citeriez les noms avec quelqu'embarras.

FORLIS.

Ma mémoire long-temps ne les chercheroit pas.

NOMOPHAGE.

C'est la preuve à trouver qui seroit difficile.

FORLIS.

Mille dans leurs écrits, dans leur conduite mille.

NOMOPHAGE.

Les vrais amis du peuple ainsi sont outragés,
Mais dans leur conscience ils sont du moins vengés.

FORLIS.

L'honnête homme pour eux montre moins d'indulgence;
Il ne sait pas flatter comme leur conscience.

NOMOPHAGE.

Le prix, que jusqu'ici leur zèle a retiré,
Prouve que l'intérêt ne l'a point inspiré.

FORLIS.

Quand un motif est pur, c'est une triste voie
Que d'en parler toujours pour faire qu'on y croie:
La vertu sans effort se doit persuader,
Et c'est en la cachant qu'on la fait regarder.

SCÈNE IV.

Les mêmes, DURICRANE.

NOMOPHAGE.

VENEZ, vous avez part aux traits que monsieur lance.
Vous êtes patriote.

DURICRANE (*à voix basse à Nomophage.*)

Ils vont venir.

NOMOPHAGE (*de même.*)

Silence!

PLAUDE.

Laissons cela. Chacun doit voir selon ses yeux.
Vous autres, vous voyez comme des factieux.
On ne fera jamais de vous de bons esclaves.

FORLIS.

Il faut l'être des loix : sans leurs saintes entraves,
La liberté, monsieur, est le droit du brigand.
Le plus libre est des loix le moins indépendant.
Malheur à tout Etat où règne l'arbitraire,
Où le texte fléchit devant le commentaire!

Brutus du sang des siens l'a jadis attesté;
Et Brutus se pouvoit connoître en liberté.

PLAUDE.

Brutus! c'est tout au plus : lui, qui n'osoit dans Rome
Sur un simple soupçon faire arrêter un homme!
C'est bien ainsi qu'on fonde un bon gouvernement!
Non, la délation et l'emprisonnement,
Voilà les vrais ressorts! Il ne faut point de grace:
De l'apparence même au besoin on se passe.
Moi, monsieur, par exemple, oh! je l'entends au mieux!
Je n'examine pas si c'est clair ou douteux;
Je vois ou ne vois pas, j'arrête au préalable.
Aussi, me direz-vous qu'il échappe un coupable?
Je fournis les cachots.

FORLIS.

C'est un terrible emploi.

PLAUDE.

Il faut être de fer, il faut que ce soit moi
Pour y tenir, monsieur; pas un jour ne s'achève
Qui n'apporte avec lui son traître.... C'est sans trève.

Tenez, on en arrête encore un aujourd'hui.
Je viens de donner l'ordre; on doit être chez lui.
Il est riche, il fut noble; après ces deux épreuves...

VERSAC.

J'entends; cela suffit pour se passer de preuves.

PLAUDE.

Ici, j'en ai.

VERSAC.

Vraiment?

PLAUDE.

Un écrit de sa main.

DURICRANE (*à part.*)

Quel contretemps!

PLAUDE.

J'espère aussi que dès demain
Un bon arrêt....

VERSAC.

Sitôt?

PLAUDE.

Tout retard est funeste.
Il nous faut un exemple. Aussi, je vous proteste
Que je vais de tout cœur soigner ce monsieur-là,
Que je vous certifie un bon traître! Déja
Le procès est instruit.

NOMOPHAGE (*à part.*)

Oh ! la langue indiscrette !

VERSAC.

Un noble, dites-vous ?

PLAUDE.

Oui, son affaire est faite.
Son nom va circuler bientôt dans tout Paris :
C'est un certain marquis de Forlis.

Madame VERSAC.

De Forlis !

FORLIS.

Y pensez-vous, monsieur ? Quel nom osez-vous dire ?

PLAUDE.

Un marquis de Forlis.

FORLIS.

Êtes-vous en délire ?

PLAUDE.

Non, monsieur, c'est son nom, et je le sais fort bien.
Je n'ai pas ce matin instrumenté pour rien.

FORLIS.

Oh ! grand Dieu !

PLAUDE.

J'ai tout fait pour qu'on saisît le traître.

FORLIS.

Et l'on va l'arrêter chez lui ?

PLAUDE.

Bon ! ce doit être
Chose faite à présent !

FORLIS.

Moi, je vous avertis
Qu'on n'aura pas trouvé chez lui monsieur Forlis.

PLAUDE.

Vous le connoissez ?

FORLIS.

Oui.

PLAUDE.

Comment un homme sage
A-t-il quelque commerce avec ce personnage ?

FORLIS.

Monsieur....

PLAUDE.

C'est, entre nous, un scélérat,

FORLIS.

Eh ! quoi ?
Savez-vous bien, monsieur, que ce Forlis c'est moi.

PLAUDE.

Est-il possible ? vous ! . . . . Ah ! ah ! que j'ai de honte !
On vous cherche, monsieur : vous ferez votre compte,
Pardon, ou de rester, ou de suivre mes pas.

FORLIS.

Vous pourrez voir, monsieur, que je ne fuirai pas.

PLAUDE.

J'en suis fâché, vraiment : quel dommage ! . . . un brave homme !
(Apercevant l'officier et sa suite.)
Ah ! bon ! voici mes gens.

SCÈNE V.

Les mêmes, UN OFFICIER, SUITE.

PLAUDE *(à l'officier.)*

MESSIEURS, monsieur se nomme
Monsieur Forlis. . . . Je sors. *(Il s'échappe.)*

FORLIS.

Oui, messieurs, avancez:
Je suis au fait.

L'OFFICIER.

Voici nos mandats.

FORLIS.

C'est assez.
Quand règne avec les loix la liberté publique,
Ces ordres sont, messieurs, un abus. Ma critique
Paroît en ce moment suspecte, je le voi.
Au reste, eût-elle tort, j'obéis à la loi.

VERSAC.

La liberté, messieurs, qui nous est tant promise,
Doit-elle en un moment être ainsi compromise?

Que la loi sans rigueur veille à sa sureté :
Double-t-on ses moyens par sa sévérité ?
Souffrez que mon ami, dont vous répond ma tête,
Trouve dans mon hôtel une prison honnête.

FORLIS.

Non, non, plus que la loi n'en accorde ou n'en doit,
Forlis ne prétend pas, messieurs, de passe-droit.
Point de rang dans le crime, ainsi que dans la peine.
Innocent ou coupable, il suffit; qu'on m'emmene.
Je vous suis.

L'OFFICIER.

Ce mot seul, monsieur, cet air décent
Montre moins un coupable en vous qu'un innocent.
De la loi qui commande exécuteur fidèle,
Je ne puis voir, agir, ordonner que par elle.
Mais de la loi, monsieur, trop rigoureux agent,
Dois-je apporter moins qu'elle un esprit indulgent ?
Non, non : je cours pour vous solliciter moi-même,
Vous faire prisonnier de l'ami qui vous aime,

Ou le tenter du moins : déja, sur votre foi,
Sans cet ordre, monsieur, vous le seriez de moi.
Souffrez que ces messieurs, ainsi que leur escorte,
Attendant mon retour, restent à cette porte.

VERSAC.

Quel noble procédé ! je ne l'attendois pas.

L'OFFICIER.

Vous avez tort, messieurs : nos citoyens soldats
Ont tous le même cœur, ont tous le même zèle.
Ces cœurs n'admettent point une vertu cruelle;
Et, jamais endurci d'insensibilité,
Le courage est toujours chez eux l'humanité.

FORLIS *(à l'Officier qui sort.)*

Monsieur, quoi que sur lui l'on décide ou l'on fasse,
Forlis approuve tout, mais ne veut point de grace.

SCÈNE VI.

SCÈNE VI.

Les mêmes, excepté l'Officier et sa suite.

FORLIS.

MADAME, pardonnez l'éclat inattendu
D'un coup, dont je me sens plus que vous confondu.
Le temps arrachera le voile à l'imposture.

Madame VERSAC.

Vous ne soupçonnez rien?

FORLIS.

Non, rien : cette aventure
Est un mystère encor pour moi, comme pour vous.
Mais ces messieurs pourroient en savoir plus que nous :
De monsieur Plaude ils sont les amis, les apôtres.
Nous avons rarement des secrets pour les nôtres.
Ils sont instruits sans doute?

NOMOPHAGE.

Oh ! moi, je ne sais rien.

DURICRANE.

J'ignore tout.

FORLIS.

Pour moi, j'ai là quelque soutien
Qui sans peine rendra cette attaque inutile.
Il est dans ce moment plus d'un cœur moins tranquille.
Cachant mal de leurs fronts l'indiscret mouvement,
Mes ennemis déjà triomphent hautement.
De ce succès d'un jour qu'ils goûtent bien les charmes!
Ils pourront dès demain l'expier de leurs larmes.

NOMOPHAGE.

J'agirois comme vous sans nul ménagement.
Mais je vous plains, monsieur, et bien sincérement;
La réputation sur un soupçon ternie
Ne peut souvent laver....

FORLIS.

Ah! laissons l'ironie.
Ma réputation n'est pas foible à ce point
Qu'un soupçon la renverse à n'en relever point.
D'une pitié menteuse épargnez-moi l'injure:
Le travail de vos yeux et de votre figure

Ne me séduira pas : agissez hautement,
Et s'il se peut, monsieur, nuisez-moi franchement.
Je vous estime peu ; je dois en faire gloire.
Ce grand zèle, entre nous, pourroit me faire croire
Que le trait part de vous.

NOMOPHAGE.

Vous penseriez....

FORLIS.

Pour peu
Que vous nïez encôr, c'est m'en faire l'aveu.

NOMOPHAGE.

Monsieur....

(Un domestique paroît avec une serviette.)

FORLIS.

On a servi.... mais oublions à table
Un sujet qui pour moi n'a rien de redoutable.
Ce mystère d'horreur où je suis compromis,
Ne peut être effrayant que pour mes ennemis.

(Forlis présente la main à madame Versac : tout le monde sort.)

Fin du troisième Acte.

ACTE IV.

SCÈNE PREMIÈRE.

FILTO, NOMOPHAGE.

FILTO.

MONSIEUR, encore un coup, vous me l'accorderez.

NOMOPHAGE.

Non, cela ne se peut.

FILTO.

Nous verrons.

NOMOPHAGE.

Vous verrez.

FILTO.

Je ne vous quitte pas qu'avant je ne l'obtienne.

NOMOPHAGE.

Veux-tu suivre ma marche? il faut changer la tienne,
Mon cher Filto.

FILTO.

Forlis n'est point coupable.

NOMOPHAGE.

Oh! non.

FILTO.

Sa fermeté, monsieur, son sang-froid m'en répond.

NOMOPHAGE.

La peste! quel esprit profond! comme il discerne!
Si ce n'étoit ici qu'un chef bien subalterne,
Un mince conjuré, bon! par exemple.... toi!
Nous eussions dans ses yeux lu des signes d'effroi.
Mais Forlis!

FILTO.

Il n'est pas coupable, je le gage.

NOMOPHAGE.

Et la liste?

FILTO.

La liste! eh bien! cet assemblage
De noms tous inconnus, peut bien être innocent.

NOMOPHAGE.

Innocent!.... Soudoyer un parti mécontent!
Tu Dieu! quelle innocence!..... Ensuite, le mystère?

FILTO.

Qu'il soit coupable ou non, avez-vous dû vous faire

Le vil ordonnateur des ressorts qu'aujourd'hui
Duricrâne sous vous fait mouvoir contre lui?

NOMOPHAGE.

Des éclats contre moi, contre le journaliste!
Vous vous êtes parfois montré moins formaliste.

FILTO.

Epargnez-moi ma honte.

NOMOPHAGE.

A vous parler sans fard,
Vous vous convertissez, mon cher, un peu trop tard.
Sachez, l'expérience au moins le persuade,
Que jamais vers le bien l'homme ne rétrograde;
Sachez qu'un scélérat, mais grand, mais prononcé,
Vaut mieux que l'être nul dans son néant fixé,
Honnête sans vertu, criminel sans courage,
Et qu'il faut être enfin Forlis ou Nomophage.

FILTO.

Continuez, monsieur.

NOMOPHAGE.

Prenez votre parti.
D'honneur, vous aurez beau jouer le converti:
Dans un cœur corrompu ces révoltes sont vaines.
Un feu contagieux circule dans vos veines;

La fièvre des honneurs, des rangs et des succès,
Ravage votre sang brûlé de ses accès.

FILTO.

Reprenez ces honneurs qu'avec vous je partage :
J'achète trop, monsieur, leur funeste avantage.

NOMOPHAGE.

Vous serez sans ressource.

FILTO.

Oui.

NOMOPHAGE.

Car vous n'existez...

FILTO.

Que par le crime, hélas !

NOMOPHAGE.

Et si vous me quittez,
Que vous reste-t-il ?

FILTO.

Rien : pas même l'innocence.

NOMOPHAGE.

J'ai voulu faire en vain de vous une puissance :
Ce beau gouvernement du Maine est bien tentant !
Mais le bien met obstacle au zèle repentant.
N'y pensons plus.... voyez, avant que rien n'éclate.
Monsieur l'homme de bien encor de fraîche date,

La vertu vaut son prix, mais vous la payez cher!
Tenez, j'ai malgré vous, pitié de vous, mon cher.
Vous savez, du néant qui toujours vous réclame,
J'ai retiré vos pas, sans retirer votre ame.
Vous êtes mon ouvrage, et sans vous irriter,
Je ne rappelle pas cela pour me vanter.
Qu'est-ce que ton remords, Filto? foiblesse pure!
Et je veux t'en convaincre; écoute. La nature,
Qui, sur ce pauvre globe, où le sage et le fou
Passent comme l'éclair, et vont je ne sais où,
A des germes confus jeté la masse entière,
Laisse en ses élémens se heurter la matière,
Les atômes divers au hasard s'accrocher,
Et selon leurs penchans se fuir ou se chercher.
Que des germes, épars dans leur cours nécessaire,
D'embrions monstrueux viennent peupler la terre,
Ou bien, se composant d'élémens épurés,
Organisent ces corps par nous tant admirés,
Les formes ne sont rien; le grand but c'est la vie.
Pourvu qu'au mouvement, la matière asservie
Dans son cours productif roule éternellement,
Elle vit, elle enfante, il n'importe comment.
Que les trônes croulant dans l'océan des âges,
S'abîment, illustrés par de brillans naufrages;
Que l'eau, cédant au feu, s'élance des canaux;
Que les feux à leur tour soient chassés par les eaux,

Dans ces traits variés j'admire la nature.
L'édifice est entier sous une autre structure:
Rien ne se perd, s'éteint, tout change seulement;
L'on existoit ainsi, l'on existe autrement.
Le soleil luit toujours, sa chaleur épandue,
D'esprits vivifians embrâse l'étendue,
Et ce globe tournant, vers son pôle applati,
Décrit, sans se lasser, son orbe assujetti.

FILTO.

Bon, généralisez dans vos affreux systêmes,
La cause et les effets, les biens, les maux extrêmes:
L'homme occupé du tout, des détails écarté,
Se dispense aisément de sensibilité.
Séchez bien votre cœur.

NOMOPHAGE.

J'en voulois donc conclure
Que dix siècles et plus, cette bonne nature
A vu sans s'émouvoir, cent brigands couronnés
Mener comme un troupeau, les peuples enchaînés,
Et que tu nous verras à notre tour nous-même
Nous parer de leur sceptre et de leur diadême,
Poursuivre qui nous haït, perdre nos ennemis,
Sans que l'ordre du monde en rien soit compromis.

FILTO.

Ainsi point de vertus, voilà la conséquence !
Qui veut les pratiquer admet leur existence.
L'homme de bien jamais ne descend dans son cœur
Sans courber tout son être aux pieds de son auteur ;
Ne parcourt depuis lui la chaîne universelle,
Que pour admirer mieux la sagesse éternelle,
L'immuable harmonie, et l'ordre, et l'équité
Qui de ces grands ressorts règle l'immensité,
Et des perfections de cet ordre suprême
En conclut le devoir d'être parfait lui-même.
Mais l'homme vicieux, au bien indifférent,
Par-tout comme dans lui voit le vice inhérent ;
Ou plutôt ses discours, dont il sent l'imposture,
Pour tromper son remords, blasphêment la nature.

NOMOPHAGE (*gaiement.*)

Adieu, mon cher Filto.

FILTO.

Malheureux, arrêtez !
Voyez sur quels écueils vous vous précipitez !
Quel combat imprudent ! d'un côté, l'assurance
Qu'au front de l'homme droit imprime l'innocence ;

De l'autre, l'embarras de la duplicité;
L'astuce enfin en prise avec la loyauté.
Vous êtes perdu!

NOMOPHAGE.

Soit; mais pour qu'un mot décide,
Un homme tel que moi vit et meurt intrépide,
Tente tout, risque tout, n'apprend point à trembler,
Ne craint rien, en un mot..... que de vous ressembler.
Adieu, Filto.

SCÈNE II.

FILTO, (*seul.*)

QUEL homme! un si grand caractère!
Tant de corruption! O nature!... que faire?
Sauver Forlis? comment? puis-je, vil délateur,
Tout scélérat qu'il est, trahir mon bienfaiteur?
A mes yeux éblouis d'une coupable ivresse,
La trahison toujours parut une bassesse:
Elle doit l'être encore, et le joug des bienfaits
Est un lien sacré, même au sein des forfaits.
Forlis vient!.... je ne puis soutenir son approche:
Sa présence à mon cœur fait un secret reproche!
Chez madame Versac entrons pour l'éviter.

SCÈNE III.

FORLIS, VERSAC.

VERSAC.

Un moment avec moi daignez vous arrêter :
Lorsqu'un soin domestique occupe encor ma femme,
Je veux vous parler seul : il faut m'ouvrir votre ame.
Contez-moi tout, Forlis.

FORLIS.

Comment donc ? vous donnez
Dans ces bruits de complots ? contes imaginés !

VERSAC.

Ah ! niez, c'est fort bien ; quoique je sois crédule,
Je ne le serai point jusqu'à ce ridicule
D'accepter pour comptant vos refus de parler.
Allons, mon cher Forlis, pourquoi dissimuler
Avec moi, votre ami ? Tenez, un gentilhomme
Est toujours gentilhomme au fond du cœur ; et, comme

Je l'ai dit mille fois, l'habitude chez nous,
Bien plus que la nature est tyran de nos goûts;
Et ces nobles sournois, courtisans émérites,
Courbant sous vos tribuns leurs faces hypocrites,
Du patriote vrai n'ont rien que les habits :
Ce sont loups déguisés sous la peau des brebis.
Ces éloges pompeux dont vous fêtiez sans cesse
La révolution, n'étoient qu'une finesse.
A présent que j'y songe, oui, depuis quelque temps
Vous couvez là, monsieur, des secrets importans.
Je m'y connois.

FORLIS.

Beaucoup.

VERSAC.

Moi, m'avoir fait sa dupe!

FORLIS.

C'est étonnant!

VERSAC.

Pour vous cette affaire m'occupe,
Mais sans m'inquiéter : vos ennemis jaloux
Ne seront pas de taille à lutter contre vous.
Laissez-moi, mon ami, me réjouir d'avance.
Ainsi donc un seul homme, un Forlis à la France....

FORLIS.

Oubliez-vous, Versac, que vous parlez à moi ?
Que sans notre amitié....

VERSAC.

Mon ami, je vous croi.
Ne vous fâchez pas.

FORLIS.

Soit; mais c'est me faire injure...

VERSAC.

Quel est donc cet écrit dont....

FORLIS.

Invention pure....

SCÈNE V.

Les mêmes, un DOMESTIQUE (*accourant d'un air effrayé.*)

LE DOMESTIQUE.

(*A Forlis.*)

MONSIEUR ! monsieur !

FORLIS.

Eh quoi ?

LE DOMESTIQUE.

Monsieur, votre Intendant,
Le front pâle, les yeux égarés, à l'instant
Pour vous parler, accourt plein de frayeurs mortelles.

FORLIS.

Que s'est-il donc passé ?

VERSAC.

Quelques horreurs nouvelles ;
En doutez-vous ?... Qu'il entre.

SCÈNE VI.

Les mêmes, L'INTENDANT.

L'INTENDANT.

AH ! grand Dieu !

FORLIS.

Quel effroi !

L'INTENDANT.

Pardon, je n'en puis plus !

FORLIS.

Remettez-vous.

L'INTENDANT.

Je croi

Que tous ces furieux me poursuivent encore !

FORLIS.

Des furieux! parlez, qui sont-ils?

L'INTENDANT.

Je l'ignore.
Oui, des brigands cruels échappés de l'enfer,
Étincelans de feux, tout hérissés de fer,
Portant un front plus propre à semer les alarmes,
Plus meurtrier encor que leurs feux, que leurs armes;
Des monstres étrangers; (car quel Français jamais
Fut né pour ressembler aux tigres des forêts ?)
Par d'autres monstres qu'eux envoyés pour détruire,
Sont chez vous. A cette heure où j'accours vous instruire,
Le feu dévore tout : les combles embrâsés
Croulent de toute part sur les plafonds brisés.
J'ai voulu les fléchir : sanglots, larmes, prières,
Rien, rien, n'attendriroit ces ames meurtrières !
Dans des torrens de feu vos murs sont renversés :
Meubles, glaces, tableaux brûlés ou fracassés,
Tout périt consumé par la flamme rapide,
Ou sert de récompense au brigandage avide.

VERSAC.

VERSAC.

Les scélérats !

L'INTENDANT.

Monsieur, ils n'ont rien respecté.
Mais à travers les feux pleuvant de tout côté,
Bravant la mort, bravant le glaive et l'incendie;
Sur les ais embrâsés, d'une marche hardie
J'ai couru, j'ai volé vers le détour secret
Qui mène en son issue à votre cabinet :
Les brigands et la flâme en respectoient la porte.
Avec l'aide d'un fer que d'un bras sûr je porte,
J'ai frayé mon passage, et bientôt ces deux mains,
Tentant pour vous servir d'honorables larcins,
Sans que mon œil en fût le complice inutile,
De vos secrets, monsieur, ont violé l'asyle.
Je repars aussitôt de vos papiers saisi :
Je les volai pour vous, je les rends : les voici.

(*Il les lui remet.*)

FORLIS.

Quelle perte de biens que ce trait ne compense !
Je ne vous parle point, Bénard, de récompense.

La plus digne de vous, le prix le plus flatteur
n'est pas dans mes trésors, il est dans votre cœur.
Bénard, aucun des miens défendant mon asyle,
N'est-il blessé du moins ?

L'INTENDANT.

Aucun.

FORLIS.

Je suis tranquille.

(*Forlis fait un signe à l'intendant qui se retire.*)

VERSAC (*après un moment de silence.*)

Vous rêvez ? Votre esprit d'un jour nouveau frappé
De ses illusions sans doute est détrompé ? . . .
Le voilà donc, monsieur, ce magnifique ouvrage !
Voilà ces belles loix ! ces droits du premier âge,
Du bonheur des états éternels fondemens !
Qu'ont-ils produit ? Le meurtre et les embrâsemens !
Vous vous taisez !

FORLIS.

Forlis ne sait point se dédire.
Monsieur, retenez bien ce qu'il faut vous redire :

Les hommes dans leur tête ont de quoi tout gâter ;
Mais le bien sera bien quoi qu'ils puissent tenter.
Du coup qui m'atteint seul ma raison se console :
Dans l'intérêt commun mon intérêt s'immole.
Irois-je, confondant et le bien et l'excès,
Quand c'est l'excès qui blesse au bien faire un procès ?
Ou blâmer, comme vous embrassant les extrêmes,
Des loix que j'approuvai, qui sont toujours les mêmes ?
Non : dussent des brigands les glaives et les feux
Menacer mes foyers et moi-même avec eux ;
Non, jamais les brigands, et le glaive et la flâme
Ne me feront tomber dans l'oubli de mon ame.
Je vivrai, je mourrai le même, exempt d'effroi,
Fidèle à ma raison, toujours un, toujours moi.

VERSAC.

Non, je ne croyois pas qu'un homme droit et sage,
Osât déifier ainsi le brigandage !...
Allons, il faut mourir, il faut abandonner
Un monde où la raison ne peut plus gouverner ;

Où, poussé dans ces flots d'erreur universelle,
L'honnête homme égaré fait naufrage avec elle....
Non, j'enrage, et m'en veux d'être encore votre ami?
Mais, quelle est dont la base où repose affermi
Notre gouvernement? Où, régnant par lui-même,
Notre cher souverain, ce monarque suprême,
Le peuple vers l'excès par sa fougue emporté,
Fonde sur des débris sa souveraineté?

FORLIS.

Le peuple! allons, le peuple! Ils n'ont que ce langage!
Tout le mal vient de lui; tout crime est son ouvrage!
Eh! mais, quand un beau trait vient l'immortaliser.
Que ne courez-vous donc aussi l'en accuser?
Non, non, le peuple est juste, et c'est votre supplice!
Qui punit les brigands, ne s'en rend pas complice.
Ce peuple, je dis plus, des fautes qu'il consent,
Dès excès qu'il commet est encore innocent.
Il faut tromper son bras avant qu'il serve au crime;
Revenu de l'erreur, il pleure sa victime.

VERSAC.

Il est bien temps, ma foi !

FORLIS.

Comme vous, mon ami,
J'aime et je veux des loix ; j'ai plus que vous gémi
D'en voir tous les liens chaque jour se détendre :
Mais est-ce donc aux loix enfin qu'il faut s'en prendre ?
L'insuffisance ici n'est que dans leurs soutiens :
Accusez les agens et non pas les moyens.

VERSAC.

Moi, je m'en prends à tout, aux hommes, à la chose,
Quand tout va mal.... Pardon, je m'emporte sans cause ;
Car après tout, le feu respecte encor mon bien ;
C'est le vôtre qui brûle, et vous le trouvez bien !

FORLIS.

Vous n'avez pas en vous ce qu'il faut pour m'entendre.
Ainsi, laissons cela.

VERSAC.

Soit ; daignez donc m'apprendre
Ce qu'en un tel malheur vous comptez faire ?

FORLIS.

Rien.

Attendre en paix chez vous, Versac; sous son lien,
Un décret, vous savez, m'y tient captif.

VERSAC.

Sans doute :
Mais il est d'autres coups que l'amitié redoute.
Ne pourrois-je, Forlis, connoître quels papiers
Bénard vous a sauvé des flammes ?

FORLIS.

Volontiers.

(Il les examine.)

Je n'ai point regardé.... voyons.... ô le brave homme !
Voici de bons effets d'une assez forte somme.

VERSAC.

C'est un vol, entre nous, que vos soins obligeans
Devroient restituer à ces honnêtes gens.

FORLIS.

Mais ceci vaut bien mieux !

VERSAC.

Vos titres de noblesse ?

FORLIS.

Eh ! non. C'est un écrit qu'il faut que je vous laisse ;

Car bien que ces papiers au fond soient innocens,
On pourroit avec art donnant l'entorse au sens,
Les tourner contre moi : je puis vous les remettre,
Bien sûr qu'ils ne pourront en rien vous compromettre.

VERSAC.

Donnez, je ne crains rien.

FORLIS.

Attendez ; ce matin
Bénard m'en a remis encor un au jardin :
Je l'ai, je m'en souviens, fermé dans mes tablettes.
Je vais vous livrer tout.

VERSAC.

J'ai deux ou trois cachettes
D'où le diable viendra, s'il peut les enlever !

FORLIS *(cherchant)*

Oh ! Oh !

VERSAC.

Dépêchez donc, qu'avez-vous à rêver ?

FORLIS.

Je ne le trouve point.

VERSAC.

Bon ! autre alarme encore !
Cherchez donc bien.

FORLIS.

J'ai beau les retourner, j'ignore
Ce que j'en ai pu faire.

VERSAC.

Ah ! Dieu !

FORLIS.

Point de souci....
Un moment.... ce matin.... ah ! tout m'est éclairci !
Bénard me l'a remis au jardin où je tremble
De l'avoir oublié !

VERSAC.

Venons, courons ensemble :
En cherchant....

FORLIS.

Inutile : il est bien temps, ma foi !
J'ai vu le journaliste y roder après moi.

VERSAC.

Ah ! vous êtes perdu !

FORLIS.

Non, point d'inquiétude ;
Mais me voilà guéri de mon incertitude,

Tout est clair à présent, je sais tout, je vois tout ;
Et ce sont vos messieurs qui m'ont porté ce coup.

VERSAC.

Mais enfin, cet écrit cache-t-il un mystère
Qui...

FORLIS.

Je puis à présent cesser de vous le taire....
Vous saurez.... avant tout, l'autre m'étant ravi,
Je dois tenir sur moi ce papier.

VERSAC.

Le voici.

FORLIS.

Sachez....

SCÈNE VII.

Les mêmes, madame VERSAC, FILTO.

Madame VERSAC.

Nous accourons, je suis toute saisie !

VERSAC.

Comment ?

Madame VERSAC.

Qu'allons-nous faire ?

VERSAC.

Expliquez, je vous prie,
Ce grand effroi !

Madame VERSAC.

Monsieur ; qu'allons-nous devenir ?

VERSAC.

Allons, des cris à n'en jamais finir !

FILTO (*à Versac.*)

Monsieur, un de vos gens accourt rempli d'alarmes,
Il a dans son chemin vu des hommes en armes
Marcher vers votre hôtel : ces flots de furieux
Se grossissent encore en roulant vers ces lieux.
(*à Forlis.*)
Fuyez, monsieur.

Madame VERSAC.

Je tremble, ah ! Dieu !

FORLIS.

Calmez votre ame,
C'est moi, ce n'est que moi qu'on cherche ici, madame :
Pour vous moins exposer je cours au-devant d'eux.

VERSAC.

Non, restez : un décret nous enchaîne tous deux.

J'ai répondu de vous, je tiendrai ma parole :
Forlis, de l'amitié commence ici le rôle.
L'esprit nous divisa, le cœur nous met d'accord;
Versac va partager ou changer votre sort.
J'aurois trop à rougir si d'une ame commune,
J'abandonnois l'ami que trahit la fortune !
Restez, ces murs et moi pourront vous protéger.

FORLIS.

Du peuple qui m'appelle ai-je à craindre un
danger ?
Je puis d'un cœur tranquille affronter sa présence.
La crainte est pour le crime et non pour l'innocence.

VERSAC.

Du moins, en quelqu'endroit que vous tourniez
vos pas,
Vous savez qu'un ami ne vous quittera pas.

Madame VERSAC.

J'oubliois : on a vu ces hommes pleins de rage,
Courir vers la maison de monsieur Nomophage,
Lui cet ami du peuple ! hautement l'accuser,
D'être ami de Forlis qu'il venoit d'excuser,
Et la flamme à la main, vouloir dans leur ven-
geance
De cette liaison punir sur lui l'offense.

FORLIS.

Mon ami ! ce trait-là sans doute est le dernier !
C'étoit le seul affront qui pût m'humilier !
Eh qui ! cet homme vil qu'ici je ne supporte
qu'avec ces mouvemens de haine franche et forte
Que jamais l'homme droit ne sauroit déguiser
Au faussaire intrigant qui ne peut l'abuser !
Lui mon ami ! grand Dieu !

SCENE VIII.

Les mêmes, NOMOPHAGE.

FILTO, (*à part l'appercevant.*)

Que vois-je ? Nomophage !

VERSAC.

Quoi ! cet homme à cette heure !

FORLIS.

Est-ce un nouvel outrage ?

FILTO (*à part.*)

Que veut-il ?

NOMOPHAGE.

Mon abord vous surprend, je le voi ?

FORLIS.

Que voulez-vous, monsieur ?

NOMOPAGE.

Vous sauver.

FORLIS.

Qui ? vous !.... moi !

NOMOPHAGE.

Moi-même, et ce n'est plus qu'à force de services,
Que je veux désormais punir vos injustices.

FORLIS.

Reprenez vos secours, monsieur ; tout à l'honneur,
J'ai brigué votre haine et non votre faveur.

NOMOPHAGE.

Ecoutez-moi, par grace, après vous serez maître
D'accepter ce service ou de le méconnoître.
Ecoutez.

VERSAC.

Ecoutons, Forlis.

NOMOPHAGE.

On vous poursuit.
Le peuple, je l'ignore, équitable ou séduit....

FORLIS.

Séduit : oui, c'est le mot.

NOMOPHAGE.

Demande votre tête.
Je n'ai pu qu'un moment conjurer la tempête.
Le croiriez-vous, moi même en butte à sa fureur.
J'ai failli payer cher une honorable erreur.
De quelques mots sur vous où parloit mon estime,
De notre connoissance on m'osa faire un crime.
Ce peuple à des soupçons se laissant emporter,
M'accusa d'un honneur que je veux mériter,
Nous crut liés ensemble, et la même justice
Qui me fit votre ami, me fit votre complice.
Fier d'un titre aussi doux, j'eusse aimé son danger!...

FORLIS.

Soit.

NOMOPHAGE.

L'orage sur moi n'étoit que passager.
Mon entier dévouement au parti populaire,
Ma vie à de ce peuple éclaire la colère.

J'eusse voulu de même en l'enchaînant sur vous.

FORLIS.

Au fait.

NOMOPHAGE.

Pour un moment j'ai suspendu les coups.
Vous êtes accusé : la loi, votre refuge,
Entre le peuple et vous doit être le seul juge.
De mes retardemens le peuple bientôt las,
Va fondre dans ces lieux : monsieur, ne tardons
pas :
Fuir, vous cacher ici, double espoir inutile,
Et qui de vos amis exposeroit l'asyle !

FORLIS.

Ces moyens seroient vils ; je n'en sais prendre
aucun ;
Mais où tend ce discours ?

NOMOPHAGE.

Monsieur, il n'en est qu'un ;
Et le seul où je puis fonder quelqu'espérance.

(BENARD *accourant du fond du théatre.*)

Hâtez-vous, le tems presse, et le peuple s'avance :
J'entends déja les cris.

NOMOPHAGE.

Oublions nos débats :
Oubliez un moment que vous ne m'aimez pas,

De ce public amour que la faveur me donne
Entourons bien vos jours, couvrons votre personne.
Je vous suis ; ma présence est votre bouclier :
Nos montrer tous les deux, c'est vous justifier !
Tout ce peuple envers moi plein de reconnoissance,
Dans notre liaison va voir votre innocence.
Sans regarder la main, acceptez le secours.
Faites-vous mon ami pour conserver vos jours.
Je bornerai, monsieur, la grace que j'envie
A ce qu'il faut de tems pour sauver votre vie.

FILTO (*à part.*)

Quel changement ! ô ciel ! Est-ce une illusion ?

VERSAC (*à Nomophage.*)

Monsieur, votre démarche est généreuse et belle !

(*à Forlis.*)

Allons, suivons monsieur, ne soyez point rebelle.

FORLIS.

. . . . . Je refuse monsieur.

VERSAC.

VERSAC.

Forlis, vous résistez!

NOMOPHAGE.

Mais vous êtes perdu, monsieur, si.....

FORLIS.

Permettez:
Ce pouvoir sur le peuple, et qui n'est qu'une injure
Faite à sa dignité, si sa source n'étoit pure,
Je l'eusse reconnu, je l'eusse révéré;
Acceptant vos secours, je m'en fusse honoré.
« Tout un peuple envers vous plein de reconnoissance,
» Dans notre liaison verra mon innocence?
» Votre présence enfin sera mon bouclier,
» Et nous montrer unis, c'est me justifier? »
A merveille, monsieur! pour qu'on vous puisse croire,
Il faut une autre fois montrer plus de mémoire.
Vous avez oublié, bien mal adroitement,
Ce grand courroux du peuple et son ressentiment,
Quand trompé, dites-vous, sur notre intelligence,
Il couroit chez vous-même en demander vengeance,

Pour l'honneur de mon être et de l'humanité ;
Je couvre vos secrets de leur obscurité.
Tout pouvoir m'est suspect, s'il n'est pas légitime.
On m'appelle, et je cours présenter la victime.
Restez.

NOMOPHAGE.

Monsieur.....

FORLIS (*avec force.*)

Restez..... vous tous, veillez sur lui.
Sauvez-moi, cher Versac, l'affront d'un tel appui.

NOMOPHAGE.

Non, je veux vous prouver.....

FORLIS (*avec plus de force.*)

Restez, je vous l'ordonne.

NOMOPHAGE.

Monsieur.....

FORLIS.

Restez, vous dis-je, ou bien je vous soupçonne.

VERSAC.

Je vous suivrai donc seul.

FORLIS (*appellant.*)

Picard, Dumont, Lafleur,
Venez tous, accourez. (*les trois laquais parroisssent*)

VERSAC.

Pourquoi cette clameur?

FORLIS (*aux laquais.*)

J'éprouvai votre zèle et veux le reconnoître.
(*Il leur distribue sa bourse.*)
Tenez, mes bons amis.... Vous aimez votre maître.
Gardez qu'il sorte.... Adieu.
(*Il s'échappe.*)

SCÈNE IX.

Les mêmes, excepté FORLIS

VERSAC (*le rappellant.*)

Forlis!.... cris superflus!
Forlis! ah! c'en est fait! nous ne le verrons plus!
(*Il se retire par le côté opposé*)

Madame VERSAC.

(*A Nomophage.*)

Que va-t-il devenir ?..... Monsieur, je ne puis croire
Ce qu'il pense de vous !... L'ame est-elle assez noire
Pour...

NOMOPHAGE.

Le malheur, sans doute, à ses yeux reproduit
Ces rêves d'un complot qui toujours le poursuit.

Madame VERSAC.

Le malheur rend injuste ! oui ; ... venez... Ah ! je tremble :
Du cabinet voisin suivons des yeux ensemble
Les mouvemens du peuple et cet infortuné, ..
Dont pour toute autre fin le grand cœur étoit né !
(*A Filto.*)
Vous, monsieur, au dehors informez-vous, de grace !
Je brûle de savoir, et crains ce qui s'y passe.

Fin du quatrième Acte.

ACTE V.

SCÈNE PREMIÈRE.

NOMOPHAGE *seul.*

Voyez-moi ce Filto ! toute une heure mortelle
Sans rentrer ! que fait-il ? quoi ! pas une nouvelle !
Trois laquais sont partis, rien n'arrive..... O tourment !
Ce Forlis a pensé m'imposer un moment !
C'est la première fois, depuis que je conspire,
Qu'un homme a, sur mes sens, su prendre cet empire.
Filto l'a bien jugé ! Quel est donc ce Forlis,
Qui sait trouver mon ame à travers ses replis ?...
J'ai cru qu'il me suivroit : c'étoit le coup de maître !...

(*Il regarde.*)

Personne... Ce Filto ne seroit-il qu'un traître ?...

Non : d'ailleurs, que sait-il? presque rien, dieu merci?

(*Il écoute.*)

On se querelle encor!...j'ai brouillé tout ici!...
Ensorcelé Filto, reviendras-tu ?... Personne.
Que faire? m'échaper? déjà l'on me soupçonne.
Fuir, c'est tout confirmer, c'est me perdre!... O Forlis!
Moi, j'ai voulu vous prendre; et vous, vous m'avez pris!
Tenons fermes au surplus, le denoument approche;
Qu'ai-je à craindre? sous moi j'ai des gens sans reproche,
Sûrs; nul écrit qui prouve.... Ah! voici nos époux.

SCÈNE II.

M. et madame de VERSAC, NOMOPHAGE.

VERSAC.

MADAME, pardonnez mon injuste couroux.
Plaignez, plaignez les maux où mon ame est en proie.
Au jour de la douleur, comme au jour de la joie,

Quand l'amitié gémit, de soi-même vainqueur,
Garde-t-on l'équilibre et de l'ame et du cœur ?
Je vais, je cours par-tout, ainsi qu'une ombre errante ;
J'appelle en vain Forlis, d'une voix gémissante!
Tout se tait sur son sort ; et ce silence affreux
Redouble la terreur de ce jour douloureux !
Ah ! dieu !... dieu ! que je crains !... voyons, sonnez encore :
Quels secrets m'apprendra le temps que je dévore ?

Madame VERSAC (*au laquais qu'elle a sonné.*)
Aucun n'est revenu ?

LE DOMESTIQUE.

Non, aucun jusqu'ici.

Madame VERSAC.

Le quartier ?

LE DOMESTIQUE.

Est-tranquille, à présent, dieu merci.
(*Le domestique sort.*)

VERSAC.

C'est bon... tranquille ! et moi, quand pourrai-je enfin l'être !
Le quartier est tranquille ! Ah ! ce calme, peut-être,

D'un orage nouveau n'est qu'un avant-coureur.

Madame VERSAC.

Ecoutons !

VERSAC.

On accourt !... O moment de terreur !

SCÈNE III.

Les mêmes, FILTO, UN DOMESTIQUE.

LE DOMESTIQUE (*accourant avec des cris de joie*).

SAUVÉ ! sauvé !

VERSAC.

Qui donc ?

FILTO.

Forlis.

VERSAC.

Forlis ?

FILTO.

Lui-même.

Madame VERSAC.

O bonheur !

NOMOPHAGE (*à part*).

O revers !

VERSAC.

O justice suprême !

Vous l'avez défendu !... Dieu ! laissez-moi courir.
L'embrasser le premier, et de joie en mourir !

FILTO.

L'embrasser le premier !... ah ! le peuple a d'avance
Par mille embrassemens payé son innocence !

VERSAC.

Le peuple ! ô ciel ! Forlis?

FILTO.

Il en est adoré !
L'innocent pour ce peuple est un objet sacré.

VERSAC.

Je veux voir...

FILTO.

Oh ! monsieur ; laissez-le sans contrainte
S'entourer de ce peuple et de sa douce étreinte.
Respectez ces transports d'ivresse et de faveur :
Ce moment appartient au peuple son sauveur

Qui de joie en ses bras donne et reçoit des
larmes :
C'est l'heure où de la gloire il goûte tous les
charmes
Plus douce encor pour vous par ce nouveau
succès,
L'heure de l'amitié va la suivre de près.

VERSAC.

Quel prodige inoui l'a sauvé de la rage....

FILTO.

Un prodige chez lui de grandeur, de courage;
Chez le peuple un prodige à jamais répété.
De justice, d'égards, de sensibilité!
Tout ce qu'on vit jamais de noble et déquitable,
Tout ce qui fut jamais et grand et respectable,
A paru dans une heure entre le peuple et lui;
Ils ont lutté tous deux de vertus aujourd'hui.
L'un étoit digne enfin d'être sauvé par l'autre.

NOMOPHAGE (*à part.*)

Le peuple est son sauveur !... Eh ! quel sera
le nôtre ?

FILTO.

Je courois sur votre ordre; à peine descendu
Je trouve en bas Forlis par le peuple attendu,
Recueillant ses moyens et son ame en silence.
Un bruit s'élève alors : soudain Forlis s'élance.

Seul, quand de nouveaux cris par mille voix poussés,
Font retentir ces mots mille fois prononcés :
« C'est lui ! c'est lui ! ».... « C'est moi, moi ! » vous m'allez entendre :
» Citoyen, on m'accuse, et vous m'allez » défendre.
» Je viens vous dénoncer le plus affreux complot !
» Citoyens, écoutez. » Tout se tait à ce mot.
Il reprend : « peuple juste et d'un crime inca- » pable,
» L'innocent sous vos yeux s'avance, ou le » coupable.
» Voyez de l'innocent sous vous coups étendu,
» Sur vous, sur vos enfans tout le sang répandu !
» Tremblez en frappant l'autre ; assassins, » sacrilèges,
» Vous violez les loix dans leurs saints privi-lèges !
» Nul des deux n'est à vous : sur eux quels sont » vos droits ?
» L'un et l'autre à cette heure appartiennent » aux lois. »
Il dit ; on le regarde, on balance, on s'étonne,
Un groupe d'assassins fond vers lui, l'environne,
Les poignards sont levés, les coups prêts de tomber,
Votre ami...

VERSAC.

Juste ciel ! Forlis va succomber

FILTO.

Non, il en saisit deux, et terrible il s'écrie :
« J'arrête au nom des loix, au nom de la patrie,
» Ces traîtres dont l'aspect déshonore à la fois
» La dignité du peuple, et le ciel, et les loix. »
Des assassins troublés tout le reste frisonne,
Se cache dans la foule et fuit ce dieu qui tonne.
Déjà six scélérats par le peuple enchaînés,
Dans la nuit des cachots vont être encor traînés :
Forlis au tribunal veut qu'on les lui confronte :
Il marche, il entre. » Au peuple, à vous Forlis
» doit compte
» Magistrats, je vous somme en vertu de la loi,
» De lire hautement vos charges contre moi.
» Peuple, en vous l'innocent a trouvé son
» refuge,
» L'accusé reparoît : redevenez son juge. »
Un acte pour réponse à sa vue est produit :
» Oui, je le reconnois, dit-il, lisez : » on lit.
Une liste de noms que cet acte rassemble,
Laisse voir un complot et les preuves ensemble ;
Et montre à tous les yeux que de ses revenus,
Forlis paie en secret cent cinquante inconnus.

Qui sont-ils ? pour quel but ? et pourquoi le
mystère ?...
Forlis toujours fidèle à son grand caractère,
Offre des mêmes noms un écrit revêtu.
Qui, le lavant du crime atteste sa vertu.
On va lire... un cri part : « laissez, laissez ces
» preuves,
» Voici d'autres garans, voici d'autres épreuves :
» Traîtres qui l'accusez, nous voici ! » C'étoit
ceux
Dont les noms sont inscrits dans ces actes dou-
teux,
Et qui, ravis au crime ainsi qu'à la misère,
Venoient tous proclamer et défendre leur père.
« Oui François, crioient-ils, vous lui devez
» nos bras.
» Nous n'étions plus sans lui que des enfans
» ingrats,
» Qui le fer à la main, menaçant vos murailles,
» Accouroient de la France entr'ouvrir les
» entrailles.
» Des devoirs, des vertus par son généreux soin
» Il nous fit une tâche, et bientôt un besoin.
» Pour conserver nos cœurs, nos bras à la patrie,
» Ses trésors vertueux payoient notre industrie.
» Oseriez-vous punir ce saint emploi des biens
» Qui de vos ennemis vous fait des citoyens ?...
Le peintre, l'orateur n'ont qu'un art iufidèle

Pour rendre ce tableau d'ivresse universelle?
C'est d'abord un muet et long étonnement :
Puis des cris d'alégresse et d'attendrissement.
Ses ennemis sont morts ; son jour enfin commence.
Et l'accusé plus grand qu'entoure un peuple immense.
De respect et de joie, et d'amour enivré,
Paroît être un vainqueur du triomphe honoré ;

VERSAC.

Vous soulevez le poids qui pesoit sur mon ame.

Madame VERSAC.

J'entends Forlis, je crois.

FILTO.

C'est lui-même, madame.

SCÈNE IV.

Les mêmes, FORLIS. (*l'intendant entre avec lui*).

VERSAC (*se jettant dans ses bras.*)

Forlis !

NOMOPHAGE (*sur le bord du théâtre.*)

Quel embarras !

VERSAC.

Forlis, est-ce bien vous?

FORLIS.

Mon ami!... ce moment est encor le plus doux!
Je viens de remporter une grande victoire!
Mais je n'eus de bonheur que celui de la gloire:
Et je sens dans vos bras, dont Forlis est lié,
Que la gloire n'est rien auprès de l'amitié......

(*Apperçevant Nomophage.*)

Quel homme vois-je, ô ciel!

NOMOPHAGE (*àpart*).

Soutenons mon audace!

FORLIS (*à Nomophage.*)

Osez-vous bien encor me regarder en face?

NOMOPHAGE.

Pourquoi non?

Madame VERSAC (*à Forlis.*)

Quel discours?

FORLIS.

Voilà mon assassin?
Il se dit mon ami pour me percer le sein?
Sous ce manteau sacré de ses regards perfides
Il venoit diriger le fer des homicides!

Il commanda ma mort ; et pour mieux l'assurer,
Lui-même il me vouloit porter à dévorer !

VERSAC.

O scélérat !

FILTO (*bas à Nomophage.*)

Fuyez, fuyez.

NOMOPHAGE (*bas à Filto.*)

Moi ! que je fuie !

(*à Forlis.*)

Je ne suis point Filto .... monsieur, la calomnie.....

FORLIS.

Vos amis ont parlé. Les yeux sont dessillés.
Le peuple est là, monsieur ; il vous connoît : tremblez !

NOMOPHAGE.

Pensez-vous que ce peuple envers vous si facile
N'ouvre qu'à vos accens une oreille docile ?
Il est là, dites-vous ? j'y vole, il m'entendra :
Si son courroux me cherche ? un mot le contiendra ;
Mais ma présomption dût-elle être punie,
Je ne compose point pour racheter ma vie :
Je brave tout mon sort : et sais envisager
Le prix d'une action bien moins que son danger.

A côté du succès je mesure la chûte;
Et certain de tomber, je marche et j'exécute!
Adieu, monsieur Forlis. Vous pouvez l'emporter;
Mais j'étois avec vous digne au moins de lutter!
(*Il sort.*)

SCÈNE V.

Les mêmes, (*excepté Nomophage.*)

VERSAC (*à l'intendant.*)

MONSIEUR, suivez cet homme, et venez nous redire
Si sur le peuple encor sa voix a quelqu'empire.
(*l'intendant sort.*)

FORLIS.

Plaignons de ses talens le déplorable emploi!

FILTO (*à part.*)

O malheureux Filto, quel exemple pour toi!

Madame VERSAC.

Ah! Dieu! que je rougis, Forlis, de ma conduite!
Cher Forlis! les pervers! comme ils m'avoient séduite!

Aussi, de ce moment, j'abhorre à jamais
La nouvelle réforme autant que je l'aimois !

FORLIS.

Non, fuyez cet excès : aimez-la, mais pour elle.
Des crimes d'un brigand ne faites point querelle
Au peuple généreux fait pour les détester.
Le factieux l'outrage, il ne peut le gâter.
Eh bien ? (*à l'intendant qui revient.*)

SCÈNE DERNIERE.

Les mêmes, L'INTENDANT.

L'INTENDANT.

De l'intriguant le règne enfin expire.
A séduire le peuple en vain sa bouche aspire.
Le peuple inexorable alors qu'il est trompé,
A couvert de ses cris son langage usurpé.
Vingt bras l'ont enchaîné comme il parloit encore.
Mais d'un sang criminel, de ce sang qu'il abhore,
Le peuple, déposant son glaive redouté,
Ne veut point de ses mains souiller la pureté;

Et laissant à la loi le soin de sa justice,
Le traîne à la prison où l'attend son complice.

madame VERSAC, (*à Filto.*)

Destin trop mérité ! . . . ces éclats scandaleux
De notre liaison ont rompu tous les nœuds,
Monsieur, votre présence à Forlis si funeste,
Ne peut plus désormais.....

FORLIS.

Souffrez que monsieur reste.

FILTO.

Ah ! monsieur, croyez bien . . .

FORLIS.

Oui, soyez rassuré :
Je sais tout: des méchans vous avoient égaré:
Oui, contre votre arrêt, madame, je réclame)
Monsieur est notre ami.

FILTO.

Ciel !

FORLIS.

J'ai lu dans votre ame,
Elle est droite.

FILTO.

Ah ! sur moi, je n'ose ramener
Les regards que vers vous je viens de détourner.

FORLIS.

Vous avez dû rougir quand vous étiez coupable.
Le repentir, monsieur, fait de vous mon semblable.
Donnez-moi votre main.

FILTO.

Sous le crime abattu,
Je puis près de vous seul renaître à la vertu.

FORLIS.

Vous la sentez déjà.

FILTO.

Votre voix consolante
Rassure et raffermit mon ame chancelante;
Au sentier des vertus, j'ai besoin d'un soutien.
Je réponds de mon cœur, si vous êtes le sien.

VERSAC.

Ce diable d'homme en soi je ne sais quoi renferme,
Qui, si je m'oubliois, si je n'étois pas ferme,
Me feroit presque aimer sa révolution !

FORLIS.

Vous l'aimerez.

VERSAC.

Moi ?

FORLIS.

Vous. A l'adoration.

VERSAC.

Si je vous écoutois, votre voix dangereuse....

FORLIS.

Vous avez l'esprit juste et l'ame généreuse,
Vous l'aimerez.

VERSAC.

Ah ! bon, vous me flattez, Forlis....
J'espere bien, madame, et vous l'avez promis,
N'unir ma fille enfin....

Madame VERSAC.

Qu'à Forlis.

VERSAC.

Bon. Sans cesse,
Madame, vous vantez l'éclat de la richesse,
Nous n'en parlerons plus, n'est-ce pas ?

Madame VERSAC.

De grand cœur....
Si vous nous laissez-là tous vos titres d'honneur.

VERSAC.

Soit.

Madame VERSAC.

Recevez, Forlis, l'hommage d'une amie,
Ma tête se perdoit, et vous l'avez guérie.
Mon cœur n'entroit pour rien dans cette illusion :
Un faux amour de gloire, un grain d'ambition
M'avoit seul égarée : à ma raison premiere
Je vous dois mon retour ; je vous dois la lumiere
Par qui mes yeux fermés se r'ouvrent dans ce jour.
Je vais à tous à les miens consacrer ce retour.
Du sang et de l'hymen suivre la loi chérie,
C'est ainsi qu'une femme aime et sert la patrie ;
Puisque dans vos leçons vous nous montrez si bien.
Que le seul honnête-homme est le vrai citoyen.

LIVRE NOUVEAU

De la Naissance et de la Chute des anciennes Républiques : par Edouard Wortley Montagu ; traduit de l'Anglois. 1 vol. *in*-8º. 3 liv. 12 s. broché et 4 liv. 10 s. franc de port dans tous les Départemens.

Cet ouvrage est un examen approfondi des différentes formes des anciennes rêpubliques de Sparte, de Thèbes, d'Athénes, de Carthage et de Rome. L'auteur anglois appuie tous ses argumens, du témoignage des historiens les plus estimés, et il cite exactement tous leurs passages.

Sous pressse.

DESCRIPTION DU PÉGU, suivie de la vie et des avantures de Jean-Christophe Wolf, premier sécrétaire d'Etat à Jaffanapatnam dans l'Isle de Ceylan ; avec une description de cette Isle, de ses productions naturelles, des manieres et des usages de ses habitans ; traduites de l'allemand. On y a joint une description abrégée mais complette de la même Isle ; par M. Eschelskronn, vol. in-8o.

www.ingramcontent.com/pod-product-compliance
Lightning Source LLC
LaVergne TN
LVHW050538100826
845148LV00002B/602

* 9 7 8 2 0 1 2 7 2 5 6 1 4 *